给你一个团队，销售主管怎么带

带出铁血团队
你不是一个人在做销售

许晓兰○著

中国财富出版社

图书在版编目（CIP）数据

给你一个团队，销售主管怎么带／许晓兰著．—北京：中国财富出版社，2017.7（2018.2 重印）

ISBN 978－7－5047－6528－4

Ⅰ.①给… Ⅱ.①许… Ⅲ.①企业管理—销售管理 Ⅳ.①F274

中国版本图书馆 CIP 数据核字（2017）第 170486 号

策划编辑	谢晓绚	**责任编辑**	张冬梅　俞　然		
责任印制	梁　凡	**责任校对**	胡世勋	**责任发行**	董　倩

出版发行	中国财富出版社		
社　　址	北京市丰台区南四环西路 188 号 5 区 20 楼	**邮政编码**	100070
电　　话	010－52227588 转 2048/2028（发行部） 010－68589540（读者服务部）		010－52227588 转 307（总编室） 010－52227588 转 305（质检部）
网　　址	http://www.cfpress.com.cn		
经　　销	新华书店		
印　　刷	北京京都六环印刷厂		
书　　号	ISBN 978－7－5047－6528－4/F·2812		
开　　本	710mm×1000mm　1/16	**版　　次**	2017 年 9 月第 1 版
印　　张	15	**印　　次**	2018 年 2 月第 2 次印刷
字　　数	253 千字	**定　　价**	38.00 元

前 言

罗马不是一天建成的，我也不是一天就成为一个成功的管理者的。

当年，我因家中发生变故，孑然一身来到泉州打工，看到这繁华世界中的美好，才明白，什么叫“对美好的渴望”。想获得更优质的生活，想变成更优秀的我，这是人之常态。当时豆蔻年华的我却已知，这世间美好的东西如此之多，要想得到想要的，首先自己要配得上它。

靠着这股让自己“配得上更好”的渴望，我在泉州扎了根。

我很庆幸，这种渴望在我的人生中从未消失过。几年前，因有孕在身不得不辞职在家。鼓励我开始做微商，甚至是日后创立“兰研”化妆品品牌的，除了丈夫文海以外，更有这股子渴望在其中。

因我销售与管理能力出色，再加上发现并推广了主打祛痘功效的新产品，四年后，我已是泉州当地小有名气的微商，团队成员也已近千人。团队能蓬勃发展，不得不提泉州乃至整个福建省的经济特色：我省鞋服行业一直占据主打地位，本地缺一个完全区别于传统鞋服的品牌类护肤品。

天时、地利与人和全部具备，机遇来了——此时，在商海打拼几年的我早已深知，人生大部分成功都需要机遇，机遇就像上帝给你的一份意外礼物，无法通过计划遇见，但遇见以后不让它跑掉，全力以赴每一次，这是我们可以掌控的。

不过这一次，我有些忐忑：想从一个相对散漫的团队管理者，真正地走向品牌经营人，其过程谈何容易？此时，丈夫文海再一次鼓励我："其实你很清楚，我们的产品这样出色，品牌经营是一种必然，既然是早晚都要做的，为什么不马上去做？"

是啊！如果有些事情早晚都要去做，并且现在就有能力去做了，为什么不马上去做？早起的鸟儿有虫吃，选择现在、马上行动，因为早开始一天，就意味着你早一点开始收获。

于是，"兰研"化妆品品牌就此诞生：兰取自我名，"研"取自女儿之名。"兰"有斑斓之意，"研"为美好温和，带着细细研磨之决心——这是我与丈夫的共同意愿，从现在开始，我们要一起将女儿与"兰研"这两个新生命培育壮大。

我真正成为品牌管理者以后，首先意识到的是，兰研的未来想要更广阔，关键在于团队如何带：每一个想要更上一层楼的人都深知，是否拥有能够依靠的团队是成败的关键。如今，随着兰研日渐发展壮大，公司的经销商已发展到一万多人。管理这样一个庞大的团队自然不容易：如何协调，如何配合，都是大问题。

在我看来，团队管理的重中之重在于，团队成员之间是否能够形成相互学习的氛围：想成长，唯有主动学习，多找自身缺点，多想他人优点，受益的是自身——通过倡导这样的团队精神，兰研得以成长为福建本地的出色祛痘品牌。

下一步，我们的目标更明确：把兰研做成全国祛痘品牌里的佼佼者。但想获得这样的成功并不简单——成功不仅需要付出，更需要持续地付出。

如何才能将这种持续付出由自我认知扩展到团队之中？

如何才能保持团队的前进状态？

怎样才能让团队在对手与伙伴的激励之下形成良性自进化？

怎样带领团队在困难、挫折与机遇并存的当下更好地全力挑战？

这就是我在这本《给你一个团队，销售主管怎么带》中主要讨论的问题。在人才决定成败的当下，员工直接决定了企业的强弱。如何针对团队内部的特色，立足销售主管的角色，展开针对性的管理，使团队的赢利不断地扩大呢?

更重要的是，市场环境是我们无法左右的，当无法改变环境时，我们就必须要改变自我——在面向一个多变的市场时，团队内分工如何变化才能使整体力量迎合甚至是抢先市场需求?

多年的经验告诉我，一个成功销售团队必然是在具备长远的眼光、充足的市场知识以及个性化的管理特色的主管带领之下，才能让团队内形成自主思考性协作的。而兰研也恰是因为有了这样的成熟团队，才得以在获得持续赢利的同时，使品牌不断发展壮大。

我可以说，这本《给你一个团队，销售主管怎么带》是我的“一家之言”，我将其视为“引玉之作”：书内是我在创业与管理过程中积攒下来的经验阐述。若你是销售主管，你可将之视为可参考的团队管理书；若你是普通的职员，也可将之视为可拿来汲取团队生存经验的实战之书。不管你的角色如何，我都渴望你能够从中获得对自我成长有益的知识。

这也是我写作这本书的愿景：能够为社会贡献更多美好的，才能成为真正意义上的管理者。

作 者

2017 年 3 月

目录
Contents

第一章　带出铁血团队，您不是一个人做销售 …… 1

猛虎架不住群狼，冠军销售更需要冠军团队 …… 3

一流团队拼整体，二流团队拼个人 …… 5

明确分工：唐僧靠什么打造一个“完美团队” …… 7

销售团队人力结构如何做到人才互补 …… 9

有效解决销售团队分歧，始终拧成一股绳 …… 11

团队建设就是揉面团，越筋道凝聚力越强 …… 14

营造团队文化，用文化影响人、管理人 …… 16

第二章　修炼主管素养，影响力才是领导力 …… 19

火车跑得快，全靠车头带 …… 21

公平、公正、合理，销售主管的三大绝技 …… 25

管理最重要的不是权力，而是智慧 …… 29

销售主管的两种能力：洞察力和趋势分析能力 …… 31

销售主管的五大功能：管理、传达、协调、培训、执行 …… 35

别人把销售当工作，主管要把销售当事业 …… 39

营造个人气质，传递向上的力量 …………………………………… 42
销售主管既要铁面无私，也要充满温情 ……………………………… 46

第三章　严格用人机制，不要最好的只要合适的 ……………………… 49
多方招聘，筛选、过滤、聚焦，选出最合适的队员 ………………… 51
引进“鲶鱼”，让团队紧张起来 ……………………………………… 55
优秀销售人员的几个特性 ……………………………………………… 58
让优秀的人干他适合干的工作 ………………………………………… 60
避免感情用事，对待下属要一视同仁 ………………………………… 63
不专权，肯授权，充分发挥团队成员的战斗力 ……………………… 66
招得来，更要留得住 …………………………………………………… 70
紧跟形势，大胆起用网络销售人才 …………………………………… 74

第四章　完善培训体系，销售从来没有天生的精英 ………………… 77
不仅给队员“鱼”，更要给队员“渔” ……………………………… 79
培训有重点，不同的人不同对待 ……………………………………… 81
精神培训，每个人都有一颗大心脏 …………………………………… 85
知识培训，做学习型队员和专家型队员 ……………………………… 88
话术培训：如何化解客户的敌对情结 ………………………………… 92
信息培训：管理好客户信息，订单随时都会有 ……………………… 95
抗压培训：要让队员迅速成长，就让他们面对挑战 ………………… 98

第五章　健全激励手段，销售主管要会“煽风点火” ……………… 101
目标激励：用目标把团队成员紧紧绑在一起 ………………………… 103
绩效激励：给予业务上的支持，帮助员工提高绩效 ………………… 105
薪酬激励：对内具有公平性，对外具有竞争性 ……………………… 108
信任激励：放手让队员去做，信任是很特殊的激励 ………………… 111
竞争激励：在良性竞争范围里，营造你追我赶的局面 ……………… 114
情感激励：你对队员有多少付出，队员对你就有多少回报 ………… 116

危机激励：今天工作不努力，明天努力找工作 …………………… 119
惩罚激励：惩罚不是目的，负面激励不可少 ……………………… 121

第六章 强化绩效考核，从“赶着跑”到“主动跑” ………………… 125
绩效考核不是戴“紧箍咒”，而是服“兴奋剂” ……………………… 127
考核是措施，绩效是体现 …………………………………………… 130
没有绩效考核，就没有执行力 ……………………………………… 133
用数据说话，绩效设计要量化 ……………………………………… 136
明确责任，谁的工作由谁负责到底 ………………………………… 138
考核不是挑毛病，重视辅导沟通才能提高工作效率 ……………… 140
销售主管必须掌握的五大绩效考核方法 …………………………… 143
善用绩效工具，科学考核提升队伍主动性 ………………………… 145

第七章 掌握沟通艺术，执行无障碍更彻底 …………………………… 151
7C 原则：让你的沟通更有效 ……………………………………… 153
出现矛盾，你既要当裁判又要学做“和事佬” ……………………… 156
话说得清清楚楚，别人才能够听得明明白白 ……………………… 158
不要只知批评忘了表扬，队员更需要被赞赏 ……………………… 162
沟通的唯一宗旨是达成共识 ………………………………………… 166
避开影响沟通畅通的五个陷阱 ……………………………………… 169
做好倾听这门功课，你会有意想不到的收获 ……………………… 172
及时疏导情绪，清除队员心中的负能量 …………………………… 175

第八章 打造销售冠军，业绩才是检验团队的标尺 …………………… 179
打好三张牌：信息、信用、情感 …………………………………… 181
销售的不是产品，而是问题的解决方案 …………………………… 186
必须掌握的七个心理学法则 ………………………………………… 190
销售冠军必须善于开发客户的需求 ………………………………… 196
销售冠军必须掌握的网络销售技巧 ………………………………… 199

能说不算本事，会听也不是高手，善问才是冠军 ………… 201
学会在拒绝中坚强地成长 ………… 205
善用销售工具，做到销售立体化 ………… 208
网络销售有效沟通的四个原则 ………… 211

附录一　优秀销售主管的六种能力 ………… 215

附录二　世界知名企业销售培训的管理游戏 ………… 225

第一章 带出铁血团队，您不是一个人做销售

正如地产大鳄王石所说："我给外界的错觉是，我个人成就了万科的今天，其实不是这样，我全部的灵感来自团队。"作为销售主管也是如此，要想创造良好的销售业绩，首先必须打造一支有血性的销售团队。

猛虎架不住群狼，冠军销售更需要冠军团队

广袤的非洲大草原，一群鬣狗围攻一只狮子。狮子虽然看似强大，面对一群鬣狗却心存恐惧，且战且退，企图寻找逃跑的机会。最终，鬣狗一拥而上，有的咬尾巴，有的咬鼻子，有的咬腿，无论狮子怎么挣扎反抗也摆脱不掉鬣狗的撕咬，终于筋疲力尽、支撑不住倒在了地上。

弱小的鬣狗能够把庞大的狮子吃掉，关键在于它们擅长抱团。团队的力量是强大的，在弱肉强食的自然界，弱小的动物迫于生存压力，为获得一席之地，就必须学会团结，实行集团作战。

反观我们自身，“狮子式的悲剧”几乎天天在上演，很多人尽管身处团队之中，由于缺少团队意识，习惯单打独斗，是个“独行侠”“草莽英雄”，如果是这样，即使荣耀满身也只是一时风光，而且还有可能栽在不起眼的事情上。

一家广告公司，在一个网站，专门做产品宣传，当时在业界影响较大。公司规定，销售人员只负责客户的开发，而客户信息的维护和服务则归技术编辑负责。为了使自己的客户享受到更好的“服务”，一些销售人员自然会“讨好”技术编辑，无形中公司那些技术编辑就有了高人一等的感觉。

这在小杨身上表现得尤为突出，他是公司老资格的技术编辑之一，经常在员工面前炫耀自己在网站开发和维护上的功劳。业务主管小章对

此非常反感，开始指责，大有“我不需要你帮忙”之意。最后双方都很尴尬，然而在第二天问题就出现了。

这天业务主管小章的一位客户打电话进来，咨询产品信息问题，同时还提出需要了解相关的服务。当时他恰好不在办公室，小杨接听的电话，他大概还对昨天的冲突耿耿于怀，对客户一直没有好语气，当然，这笔业务以失败告终。

从这个案例中可以看出，队员之间的矛盾再小也有可能给团队带来巨大损失。在工作中，你有没有跟你的同事说过：“我一个人可以搞定所有的事情。”如果有，建议你马上闭上嘴巴，这种小我的“狭隘”想法在团队中是无法存活的。不要怕他人与你分享成果，合作意味着分享，也意味着共赢，合作是双赢的基础。如果只看到了别人分享自己的成果，而没有看到别人给自己带来的各种好处，你将永远被排斥在团队外。

在这个问题上，我们仍要回到“1 + 1 = 2”还是“1 + 1 > 2”的老话题。ICPC 是由“美国计算机协会”主办的一项程序设计大赛，这个赛事的规则是：三个人一组，每组只有一台电脑，来破解赛事组设计的题目。

赛事组设计的题目是固定的，要比的是解题速度，时间用得越短，得分越高。比赛要求既要很好地理解题意，又要有良好的计算能力和程序输入能力。英文阅读能力好的人负责解读题意，计算能力好的人负责运算，程序输入快的人进行上机操作。

这就要求团队的三个人必须有良好的协作能力，三个人是否可以相互配合、相互鼓励、共同攻克难关决定了他们的成败。

“以团队制胜”，是赛事主办方的用意所在，目的不仅仅是锻炼参赛者专业技能及解题能力，而是培养他们的团队意识，“团队利益就是个人的利益”，只有团队取胜，个人才有成绩。ICPC 以独特的参赛方式和参赛规则告诉每个参赛者要坚持团队协作，维护团队利益。

这样的三个人何尝不是一个团队的缩影，这个团队需要全体成员很好地展开合作。正如地产大鳄王石所说：“我给外界的错觉是，我个人成就了万科的今天，其实不是这样，我全部的灵感来自团队。”

现在无论做什么，大家都在谈“团队合作”“团队精神”，对于销售团队而言，团队的强大、业绩的增长同样是建立在合作的基础上。如果能做到这些，营销团队就有可能迸发出高于个人力量的营销团队智慧，随时都能创造出惊人的表现和绩效。否则，一个人再优秀，个人能力再强，如果无法融入自己的团队，最终有可能陷入“狮子式的悲剧”。

★管理学习课★

作为营销团队的主管，在给予每位成员自我发挥空间的同时，还要破除个人英雄主义，搞好营销团队的整体搭配，形成协调一致的营销团队默契。同时还需努力让队员懂得彼此之间相互了解、取长补短的重要性。

一流团队拼整体，二流团队拼个人

每个公司都是一个团队，加入公司就意味着要融入这个团队。如果你没有团队精神，或者不懂得与团队合作，那么，即使你有再大的本事，也很难取得最终的成功。然而，在职场中，缺乏团队精神和合作意识的人比比皆是。

小杨是一名刚入职不久的职场新人，入职前，他最大的担忧就是怕自己难以融入新团体。由于工作前基本都在学校中度过，这让他对职场上人和事的认知受到了极大的限制，导致他很难融入到同事圈中去，甚至聊天也很难插上话。这无形中为他的职场生涯设了一道障碍，让他感觉自己无法和团队中的其他成员打成一片。

小杨单独工作能力较强，进入公司一年多一直兢兢业业，好评不断。但他无法与部门其他人很好地相处，一些需要同事帮忙的工作他都宁肯自己默默地做。一段时间后，其他同事一个个都升职了，唯有小杨没有得到晋升。业绩好为什么得不到晋升呢？小杨自己也很迷茫。

从上述案例中可以看出，小杨的问题出在不懂得与团队合作，从长远看，这种人很难持续地发展。职场中有个很重要的词叫“人际关系”，一个人的成功20%归功于专业知识，80%归功于人际关系，凡是在职场中取得成功的人，都十分重视这一点，良好的人际关系是事业成功的重要保证。

在管理学上有一个词叫“团队”，在现代化企业已经深入人心，每个企业都在强调团队制胜。企业之间的竞争已不再是单独的个体之间的斗争，而是团队与团队的竞争、组织与组织的竞争，任何困难的克服和挫折的平复，都不能仅凭一个人的勇敢和力量，而必须依靠整个团队。

然而，现在很多年轻人自负、自傲，很难融合到企业这个大家庭中。因为他们都是个性、独立的一代，从小就缺乏团队合作精神，什么都争着自己做，表现自己，不愿和同事一起想办法，每个人都会做出不同的结果，最后对公司一点用也没有。所以，对销售主管来说，时时、事事都须提高团队合作意识，积极融入团队。

那么，销售主管如何快速融入企业团队呢?

1. 谦虚求问

孤芳自赏、恃才傲物只会让自己失去很多学习的机会，作为职场新手处在一个新环境中，不管你曾经获得多少奖学金，不管你曾经有多大的能耐，从走出校门的那一刻开始，一切都要从零开始，本着谦虚求问的态度“多干活儿少说话”准没错。刚参加工作的你有想法、有创意、有抱负是好事，切忌锋芒毕露、自作主张。“欲速则不达”，要获得别人的认可，工作业绩才是最有力的证明。

2. 沟通协作

沟通能力强的人，走到哪儿都不会孤影随行；善于交流的人，走到哪儿都不会孤身一人，沟通协作有助于新手更快融入团队。想要得到别人尊重，首先得去尊重别人；想让同事亲近你，首先要主动友善地亲近身边同事，态度积极地询问和请教问题，总会得到对方同样友善的回应，使双方更快更友好地熟悉起来，不仅有利于自身的成长，也有利于工作沟通和协作。

3. 有责任心

遇到大事，谁都会认真处理、谨慎对待，有的时候责任心却是体现在工作琐碎的小事上。很多新人往往忽略这一点，对此不屑一顾。销售主管做每一件事情，都是向上司或同事展示自己学识和价值，只有做好每件事，才能真正赢得信任。

职场新人进入新环境工作时，最好能够先观察工作环境，了解公司的工作氛围是开放还是保守，同事之间的交流方式是直接还是含蓄，同事的穿着打扮是正式还是休闲，部门与部门之间的合作是顺利还是曲折。由于不同公司都有其差异性，所以新人要学会主动和同事沟通，无论是公司事务还是热点新闻，要尽力去了解每个人的习惯和喜好。

★管理学习课★

做销售，仅仅靠一个人的力量是远远不够的，需要运用一个团队的力量，大家携手前进。所以，销售主管要学会如何与同事、上司以及其他同行进行合作。

明确分工：唐僧靠什么打造一个“完美团队”

团队的力量自古有之，最有代表性的就是《西游记》里的——“唐僧师徒四人取经”团队。为了完成西天取经任务（共同目标）组成取经团队，成员有唐僧、孙悟空、猪八戒、沙和尚。一个团队如果没有对本团队目标的强烈认同感，一盘散沙，各自为政，本事越大反而会使团队努力的方向南辕北辙。

从管理学角度，我们可以对这师徒四人组成的团队做一些解读，这对于提高销售团队的管理水平和打造团队的凝聚力有着重要的意义。

《西游记》取经团队中有 4 人，分别为唐僧、孙悟空、猪八戒、沙和尚，四人性格各异，分别扮演四种角色、承担四种工作。

四种角色分别为德者、能者、智者、劳者。四种分工为：德者领导团队，智者出谋划策，能者攻克难关，劳者执行有力。师徒 4 人携手合作，打造传颂至今的成功团队。

四种不同的角色，四种不同的分工，与其各自的性格特征密切相关。德者唐僧，品行良好，意志坚强，不达目的决不罢休，是这个取经团队里的核心；智者孙悟空，神通广大、聪明伶俐、点子多，是团队的智囊；能者猪八戒，虽然有些好吃懒做，贪财好色，但他性格开朗，能够接受任何批评，还善于攻克难关，很多时候都是冲锋在前；劳者沙和尚，言语不多，任劳任怨，默默承担了团队的各种粗笨工作。

这个团队最大的好处就是分工明确，各司其职。正是因为有了这样一个高效的团队，唐僧才得以取经成功。用我们今天的话说，唐僧是这个团队中的领导者、孙悟空是智囊团或者技术核心、猪八戒和沙和尚是普通员工，分别为执行者和后勤保障。

这充分说明，一个团队必须有严密的内部结构和组织形式，团队成员必须分工明确，各司其职。

为了更清晰地说明团队结构及分工，我们可以用一个表来表示。

唐僧师徒职责分工表

团队成员	职位	职责	性格特征
唐僧	领导者	团队日常管理	知识渊博、意志坚定、目标明确，严于律己
孙悟空	参谋人员（管理者）	销售计划、目标的制定者	工作能力强、社会资源丰富，人际关系好
猪八戒	业务员	业务拓展	自信、热情、活泼、大方，具备业务员应有的一切素质
沙和尚	服务人员（后勤人员）	后勤保障	勤勤恳恳，任劳任怨

可见，一个销售团队中至少需要确立四种角色，分设四个部门，以便让

团队中的所有人都能充分发挥自己的优势。

团队带领者：一般为总经理或副总。主要负责营销团队的行政管理、内部协调、监督工作。比如，招聘、培训，以及销售工作执行情况的监督检查，销售人员业绩考核等。

销售经理或主管：主抓业务，负责收集相关信息、进行市场调研，从事制订营销计划、出谋划策等核心职能工作，并对营销结果进行分析。

销售人员：具体销售计划的执行者，是团队业绩的主要创造者。

服务人员：主管团队的日常辅助性工作，或为客户提供咨询、回访等服务工作。

★管理学习课★

一个团队的成功，靠的不是个人英雄主义，而是团队力量。而团队的组成，需要不同职能的优秀人才，充分发挥各自才能，取长补短。

销售团队人力结构如何做到人才互补

一个团队可以说是一群拥有不同技能的人组合在一起，为了一个共同的目标而努力的组织。在达成目标的过程中，每个人都需要精诚合作，相互帮助，互通有无。然而，这种和谐的局面要通过很大的努力才能达成，因为既然是团队必然会涉及权力分配，如果权力分配不均就会出现这样或那样的矛盾。

一个大学刚毕业的女孩，文章写得很出色，毕业后进入一家报社，本以为自己一去就可以当记者，做编辑。但万万没有想到，领导让她在通联部负责抄写信件！这位女孩心理上不平衡，心想，“抄写信件这种工作，只要是会写字的就能干，我大学苦读四年难道就是为了这个吗？领导也太瞧不起人了！”女孩有点想不通。

她转而又想：领导既然这么安排，肯定有他的考虑，为什么不试试？抱着这样的心理，她暂时放弃了抱怨，认真地把领导交代的工作做好。3个月后，她把领导交付的所有工作都完成了，并得到了领导的认可。

她的表现能得到领导的认可，正是这个女孩最看重的。至此，女孩明白，做什么工作不重要，重要的是自己的付出要得到领导的认可。

后来这个女孩得到了一个重要岗位，担任这位领导的文字秘书，每天协助领导整理资料，撰写文件材料，女孩没有让领导失望，仍是认认真真地完成，每次领导的演讲稿都要亲自审查好几遍。

有了女孩的辅助，这位领导职位节节高升，先后担任了文摘版、理论版和副刊的总编。女孩也成为团队中不可或缺的一员。后来，该领导高升之后，女孩顺理成章地填补了他的空缺。

在团队中，权力分配问题是永远有争议的话题，有的人“宁做鸡头不做凤尾”，毅然选择离开；而有些人屈做了绿叶，不做红花，始终默默奉献。暂且不能妄论谁对谁错，但如果在职场中，第二类人无疑更受青睐。

大多数人更倾向于做第一类人，第二类人默默无闻，一直不会受到他人、上司的关注。尤其是那些能力出众、与同事关系不错的人，他们更希望站在团队的最前列，时时刻刻炫耀自己。然而，从团队发展的角度来看，如何来平衡各个角色之间的关系呢？

1. 调整心态，甘做绿叶

就像我刚才说的，绝大部分团队都会出现权利的两极分化，位高权重的管理者只是少数，绝大部分人仍需要处于被管理、被分配的地位。

甘当绿叶，就是甘心在团队中处于被管理、被领导的地位，在工作等方面去辅助自己的上司，或者承担着团队重担的人。然而，这并不是每个人都可以做到的，毕竟谁都想出人头地。所以，在职场中你要想获得长期的发展，首先需要调整自己的心态。

2. 精简流程，调整结构

结构调整最关键的就是流程的优化，例如，在团队中，按照执行力强弱分成几个梯队，如第一梯队、第二梯队、第三梯队。

其中，第一梯队代表业务水平最高、执行力最强，就像可直接保送上清华的人，他们是团队中的精英，可以为团队未来的发展创造非常好的业绩，理当放在最重要的岗位上；第二梯队所占的人数较多，水平一般，比较平均，是团队的基本力量，虽然没有他们团队不能运转，但是又因他们的能力有限，相对来说承担的工作简单一些；第三梯队可以说是团队中可有可无的人员，随时能淘汰掉的人选就是他们，如果第一、第二梯队中补充进一名新人，那么第三梯队就要相应地淘汰一名人员。

3. 能者上，庸者下，自由竞争

人的能力有大有小，不同能力的员工对团队的贡献肯定有所不同，因此在团队的地位也应该有所差异。对此，团队主管要对不同能力员工有针对性地对待，根据员工对企业的贡献，明确地判断每个员工在企业中的地位，然后有针对性地制定出管理策略，将重点资源用在能者身上，庸者则下，从而使团队出现自由竞争的良性循环。

★管理学习课★

构成团队的成员，一般需要他们有不同个性、不同爱好、不同能力和不同的观点，正因为有了这么多不同才是一个健康的团队。只有这样，才能实现互通有无，资源互补，面对不同的任务高效地完成。

有效解决销售团队分歧，始终拧成一股绳

花园里，美丽的红玫瑰引来了很多人的驻足欣赏，玫瑰的旁边有只丑陋的青蛙，与玫瑰的光鲜亮丽极不谐调。红玫瑰嫌青蛙碍眼，不屑地说：“丑陋的青蛙，你赶快离开。”青蛙默默地走了，几天后，人们惊讶

地发现玫瑰凋谢了，叶子和花瓣都开始掉落。

路过的青蛙不解地问："美丽的玫瑰，你看起来很不好，发生了什么事情?"

红玫瑰怏怏地答道："自从你走后，虫子每天都在啃我，我再也无法恢复往日的美丽了。"

青蛙说："当然了，是我帮你把虫子吃掉了，你才成了花园里最漂亮的花。"

红玫瑰很鲜艳，同样需要丑陋的青蛙为其除害。无论是鲜艳的红玫瑰，还是丑陋的青蛙，他们都是一个团队，谁也无法离开谁。在销售团队中，也存在这两种人，红玫瑰是指那些业务突出、经常抛头露面的人；而青蛙则是那部分业务不突出，在幕后默默奉献的人。而红玫瑰似的人依仗出色的业务，自命清高，自命不凡，沾沾自喜，对那些青蛙一样的人，经常投以鄙夷的目光，认为他们对自己一点作用都没有。

这样一来，团队无形中就形成了两个阵营，产生分歧，严重影响到了团队的团结。

某公司有一个非常大的社交网站，在当地算是最大的门户网站，为各大公司提供招聘和广告服务，整个团队有编辑 2 人，业务员 10 人。编辑主要负责网站的维护，业务员主要负责拉广告。

由于网站编辑常常身居幕后，所做的工作也都是烦琐的、服务性的工作。常常被一些业务员看不起。

编辑小婷曾经帮助业务员小夏谈下一单广告，当时，所有的业务员都外出或拜访新客户，或回访老客户。突然有一个电话打进公司，正值小婷和另外一个编辑值班。小婷接电话。简单沟通之后，才知道原来是业务员小夏的客户，对方在网站上咨询业务后，要求了解一些更详细的东西，包括广告设计的问题。

一提到关键性的技术问题，小婷一下慌了，因为她平时很少接触，对广告设计一无所知。于是她临时找来了设计人员帮忙，这才解决了问题，由于当时设计人员也是忙得团团转，小婷费了好大的口舌才说服对方。

小夏回来后，小婷将事情的前因后果告之，叙述中当然也少不了几分自豪和夸耀。没想到，小夏反应非常平淡：

“哦，谢谢。问题解决了吗?”

“没有完全解决，细节问题还需你亲自沟通。”

“我想也是，这些忙应该不需要你帮。”

这个时候小婷感到很尴尬，决心以后不再管这些闲事。

看了上述案例，不免有些担心，队员之间如此相处何谈团结。任何一个团队中都存在这样的人，不以大局为重，生怕被他人抢了功劳，出了风头，分享成果，因而，千方百计地加以排斥和挤对。这样的场景，是任何一个管理者都不愿意看到的。

团队的发展靠的是全体成员的努力、主动的参与，没有他人的帮助，你就像红玫瑰一样，只能昙花一现。在应对“团队有分歧，无法形成合力的”问题上，最关键的还是管理者要做好疏导工作，营造一种全员自主改善的文化。

那么，管理者如何疏导自己的队员呢?关键要做到“多倾听下属心声、多疏导下属心中的不解、多了解下属在工作中遇到的困难”。

1. 多交流

学会交流是处理团队分歧和矛盾的主要方式之一。胸怀宽广的主管能包容下属发泄心中的不满，倾听下属的心声。因为只有善于倾听下属心声的销售主管才会拉近与下属之间的心理距离，从情感上赢得下属信任。

倾听是一种极为重要、有效的激励方法，它能促进下属主动对公司作出贡献，使公司获得更高的工作效率。要是销售主管不能聆听下属的心声，下属就会因不被重视而失去销售兴趣。

善于倾听，并在倾听中思考，才能发现问题，才能在发现问题的过程中不断提高自己的销售水平。善于倾听在销售中是一门不可或缺的艺术，每个销售主管都应该好好学习。善于倾听是一种本领，要有较高的涵养和很大的耐心，实际上是宽容的胸怀。通过倾听，加强与下属的沟通和了解，促进情感交流，提高销售业绩。

2. 多疏导

管理大师德鲁克说：“百分之六十的管理不良来自疏导。”这充分说明领导要与下属多沟通。直接的、友好的、坦诚的沟通，是促使员工参与、激发员工工作热情的最有效的工作方法。与其自己在办公室苦想办法，不如去现场询问一下，看看员工的工作状态。而很多经理人恰恰忽略了这一点。

人是世界上唯一会找理由的动物，一个人自己乐意干的事情总会想办法去做好，自己不乐意干的事情理由总是有千万种。同样，当队员抱怨没市场、没时间、没客户时，你可以认为这统统是理由，但要看到这些理由背后真正的原因是“做事的意愿不够”。

★管理学习课★

当你的队员没有工作激情的时候，有没有想过先去疏导他们，激发他们对工作的激情呢？美国心理学家威廉·詹姆斯研究发现，员工只要用20%～30%的努力即可完成他的工作，而经过激励的员工，将会以其80%～90%的努力工作。

团队建设就是揉面团，越筋道凝聚力越强

我们都知道团队是一个集合体，要想使团队的力量发挥到最大，队员之间就必须充分地融合。团队融合度越高，凝聚力越强；凝聚力越强，团队效益越好。

李刚是某企业的销售主管，因业务需求新组建了一个项目团队。团队建立之初，由于队员之间彼此不熟悉，尤其是每个人的处事方法、个人习惯等都不同，结果团队内部矛盾丛生。与那些成熟的团队比起来缺少默契，因此业绩也很差。

为此，李刚想了很多办法，并多次在中间协调，与每个人进行沟通。在很多分歧上，力争使大家相互谅解，求同存异。随着项目的逐渐进行，团队成员之间的配合终于有了默契，团队的凝聚力也开始得到加强。

大家配合得越来越好，而且每个人工作都很积极主动，什么事情都不用他去主动跟踪，基本上就可以完成。

揉面团，一开始可能很粗糙，看起来也不美观，但多揉几次就会得到改观。管理团队也是同样的道理，一个新的团队，缺少默契是非常正常的现象，重要的是团队的负责人/管理人员要善于处理这种矛盾，做一个“揉面团”的人。

那么，销售主管如何将一盘散沙似的团队黏合在一起呢？

1. 主动与团队成员保持良好的沟通

积极主动地与团队成员沟通，了解团队成员工作状态和生活状况，多了解成员的合理需求并尽力满足他们，创造一个良好和谐的沟通氛围。我们的管理者很多时候缺乏与团队成员沟通的主动意识，在认识上有偏差，总以为应该是员工主动给自己反映问题而不需要自己去主动沟通。实际上作为管理者如果每天花一点时间主动和员工进行交流，你往往会发现很多问题在交流中迎刃而解，团队也时刻处在一种高昂的战斗氛围中。

2. 尊重团队成员，充分信任

作为管理者对团队成员要给予充分的信任，缺乏信任关系是做不好工作的。我们有的管理者信奉所谓的“用人要疑，疑人要用”的用人法则，这里我们不去批判什么，事实上我们有时候从表象去看这个法则好像有其合理的成分，实际上最终酿成的苦果也只有管理者自己清楚，用人的前提条件是选对人，选好人！“用人要疑，疑人要用”的用人法则只能说明我们的管理者缺乏甄别人才的眼光和能力，是在给自己一个开脱的理由。

3. 不断给予团队成员鼓励，充分授权

销售团队的独特性在于团队成员要承担企业较多明确的业绩指标压力，我们经常发现在销售团队中会出现所谓的头顶天花板的“老油子”。作为销售

团队的领军人，要不断地给予团队成员鼓励，不与成员争利，不与成员争权，挖掘其潜能、激发其斗志。在遇到有“利”需要争的时候，一定记住不要与员工争利，否则最终团队将人心尽失，谁也不愿意为与员工争利的领导卖命。其次要充分地给予员工权力，这要求你对每一个成员的能力和业务技能有足够的认识与了解。给予团队成员适度的自行工作空间，方能调动团队的主动性与积极性。

4. 让团队成员感受到成长的快乐

在一个销售团队中，我们要让团队成员真正感觉到自身得到了成长，在成长的过程当中体会到成长的快乐，如此方能塑造团队成员的向心力。因为一个人在一个组织当中，如果得不到成长，一般只有两条路可选：一是得过且过，最终出局；二是感觉不到需求的满足，最终选择走人。建议我们的管理者在这方面要多研读马斯洛的层次需求理论。

★管理学习课★

揉面团反映的就是团队融合度问题，在一个团队中，成员之间融合程度越高，团队凝聚力越强，战斗力越强。所以，对于销售主管来讲，建设团队首要的任务就是增强队员之间相互融合的程度。

营造团队文化，用文化影响人、管理人

小型企业靠老板，中型企业靠管理，大型企业靠文化。团队也是这样，一个优秀的、一流的销售团队必须靠文化来武装。这也为广大销售主管提了个醒，在大力扩充团队规模、追求经济效益的同时，也要让员工活在一种文化中，让他们有明确的奋斗目标，有统一的信条和信仰，让他们有归属感。

众所周知，沃尔玛是当今世界上最大的零售企业，沃尔玛也是从一

家不起眼的小店开始发展的。山姆·沃尔顿是沃尔玛的创始人，自 1962 年山姆创办了第一家沃尔玛折扣百货店以来，通过几十年的努力，终于创造了一个个商业奇迹。

沃尔玛之所以有如此大的发展，必定有其独特的经营之道。著名的领导力专家约翰·科特道出了其中的秘密。他在研究企业文化与企业业绩关系的过程中，惊奇地发现在众多成功因素当中，沃尔玛的文化和因其文化而聚集的团队起了重要的作用。在美国管理界，沃尔玛被公认为是十分具有文化特色的公司之一、非常适宜工作的公司之一。可以说，沃尔玛文化打造的团队是沃尔玛其他战略得以成功实施的肥沃土壤。

销售团队是一个组织，是一个以追求经济利益为主，充斥着不同利益的组织。有利益的地方必然会有冲突和矛盾，这时，对人的管理，最重要的是对人心的管理。

团队文化则恰恰是一个管理人心的工具。良好的团队文化可以使团队成员在轻松愉快的环境中工作，团队成员会彼此信任，且有共同目标，能形成一致的价值观、思维方式、信仰习惯和工作态度；使每个人在公平、公正、舒心的环境中各展所长，各成其功，与企业、经销商一起共创未来。

团队的创造性和潜力得到极大的激发，业绩当然也会显著增长。销售主管有必要协助团队，建设一个独特的、适合自己团队的文化，而且要通过自己的言行来潜移默化地影响每个人。

毋庸置疑，任何一个团队都需要有自己的文化，和谐的团队文化对团队生存和发展、成功与成就具有举足轻重的意义。

1. 树立远大的目标

在进入销售团队前，很多人原本都是一个独立体，只是一个偶然的机会，或者在某种特殊因素的促使下才走到一起。这样的团队地基很不牢固，就像建立在沙子上的高楼大厦，随时有倒塌的危险。因此，一朝取得成绩，便有了满足感，团队成员各自达到了目标后，心很难再走到一起。这时候，就需要重新树立一个更为远大、更为统一的目标，来强化他们的重视感和归属感。这个相当重要，因为人性的深层本质是不断地追求，不断地向前走。

2. 象征和精神引导

“士为知己者死，女为悦己者容。”能为员工创造一个展示自己的机会，将是对他们莫大的激励。

比如，定期召开表彰大会，选出业绩优秀的销售人员，让他们分享自己的经验。他们每天是如何工作的，如何认真，如何努力，如何自我激励，如何勤于思考，如何任劳任怨。还可以把这些经验发布在内刊上、内网上，这无疑是非常巨大的激励。

通过对精英和销售冠军的表扬，告诉每个员工付出就会有收获，回报来自他们的业绩，并让他们不断看到成功者所获得的荣誉和认可。

伊利、蒙牛都是这样做的，伊利是通过季会，蒙牛是通过月会，定期对出色完成任务的销售团队或经销商给以表彰。意在告诉所有的人，完成任务是每个成员的责任和光荣。

3. 与必要的物质奖励相结合

除了上面提到的鼓励、表扬等用以满足员工心理需求的激励外，团队文化建设还需要些物质基础的支撑。换句话说，就是要让员工看到，无论是一线员工，还是管理人员都是出来打工赚钱的。如果只跟员工讲一些以后的发展机会或讲奉献等，无疑是十分愚蠢的。

华为的企业文化为什么落实得很好，就是因为这种文化已经内化为员工的自觉行为。值得注意的是，华为绝不是空谈企业文化，其相应的薪酬回报与付出能很清晰地对应起来。华为的员工都很清楚，公司是不会亏待自己的，所以才会坚定不移地去付出。

★管理学习课★

建立强有力的团队文化，仅仅靠开大会、喊口号是不行的，还需要实实在在的物质奖励。员工无法得到与自己付出或者价值相当的薪酬，所谓的发展机会、团队文化便失去了物质基础。把员工当傻瓜忽悠的企业，自己恰恰是傻瓜。

第二章 修炼主管素养，影响力才是领导力

在销售团队中，销售主管所起到的就是标杆作用，需要永远站在团队的最前方，给员工以榜样、力量、方向、方法，使得整个团队昂首阔步地向前。作为一个优秀的销售主管在带领自己的团队时，一定要时刻牢记，你不只是领头羊，更是指挥家！

火车跑得快，全靠车头带

中国有句俗语："火车跑得快，全靠车头带。"一列火车行驶的速度和方向、目的地全部是由车头控制。车头在确定方向和路线后，整列火车就可以心无旁骛地前进。反之，如果没有方向，整列火车就无所谓前进；没有速度，整列火车就会没有效率。

美国玫琳凯化妆品公司把"领导者以身作则"作为所有管理人员的准则。公司创始人玫琳凯·艾施每天都把未完成的工作带回家继续做完，她的工作信条是："今天的事绝不拖到明天。"她从来没有要求她的员工也这么做，但她的助理以及7位秘书，也都具有她这样的工作风格。

一个优秀的管理者只有严格地要求自己，起带头表率作用，才能具备说服力，才能增强自己的凝聚力。玫琳凯·艾施为了扩大公司的产品影响力，她从来不用其他公司生产的化妆用品，也不允许公司员工使用其他公司的化妆用品，就像她不能理解奔驰轿车的营销员开着宝马轿车一样。

有一次，玫琳凯·艾施发现一位经理使用其他公司生产的粉盒和唇膏，于是走到她的桌旁，婉转而幽默地说："上帝呀，你在做什么试验吧？我想你是不会在公司里使用别家产品的吧！"听了玫琳凯·艾施的话之后，那位经理的脸一下子红到了耳根。过了几天，玫琳凯·艾施亲自把自己未使用过的粉盒和唇膏送给了那位经理。

玫琳凯·艾施非常重视维护个人形象，因为她深知个人形象会给客户留下深刻的印象，甚至会影响到公司的声誉和发展。20 世纪 70 年代，美国流行穿长裤，但玫琳凯·艾施不管是在什么时候从来不追逐这种流行，始终保持着自己的形象。她甚至为了保持自己的形象，放弃了她一生最大的爱好——园艺，因为她总是担心不经意间被沾在身上的泥土破坏了形象。正是由于玫琳凯·艾施以身作则，公司里每一位员工都衣着合体，光彩照人。

从这个案例中我们可以看到：管理者的工作习惯和自我约束力，对员工有着极为重要的影响。倘若管理者都能够按时上班，工作时间尽量不涉及私人事务，对工作尽职尽责，那么在管理员工的过程中自然就会事半功倍。

销售主管的学习能力、执行能力、感召能力、协调能力、调研能力，以及对企业的“满意度”“忠诚度”“贡献度”和“工作积极性”，决定着一个企业能否稳定发展。销售主管的带头示范是对员工最实际、最有力的动员和教育，对员工的思想有着潜移默化的影响，在调动员工工作积极性的过程中有着不可替代的作用。

销售主管要在员工中提出“向我看齐”的口号，凡是要求员工做到的，自己首先要带头做到；凡是要求员工遵守的，自己首先要带头遵守。要以实实在在的工作业绩来鼓舞、鞭策员工。只有通过销售主管的率先垂范，才能进一步增强员工的凝聚力、向心力和战斗力，才能感召员工，赢得员工，以进一步促进和调动员工的工作积极性。

很多时候，在台上说得唾沫横飞，还不如身体力行做一回有鼓动性、有号召力。如果嘴上说得天花乱坠，讲得振振有词，做起来是另一套，倒不如不讲不做。因为这样言行不一，无异于在脸上刻下“伪君子”几个字，让人看了骤生反感。一个管理者只有严格地要求自己，起带头表率作用，才能令大家信服，才能让员工为你努力工作。更何况己欲立而立人，己欲达而达人？只有自己愿意做的事，才能要求别人也去做；只有自己能够做到的事，才能要求别人也做到。

那么，一个优秀的销售主管到底应该怎样做才能够让下属心服口服呢？

1. 不畏风险，勇挑重担

一般来说，销售主管不畏风险，勇挑重担，可以起到表率作用，激发下属的活力。俗话说得好："干部带了头儿，群众有劲头儿。"我们可以从许多方面找到主管应当从自我做起的道理。员工观察和评价主管常常是先看他（她）做什么，而不是先看他（她）说什么。由此可见，言传身教是非常重要的。既然是领导者，是管理者，就要学会走在下属的前面，而不能尾随其后。否则，领导和管理就徒有其表、名不副实，员工也不会听从指挥，更不会积极地去完成企业的任务和目标。销售主管要下属听从指挥并不困难，有一个方法，那就是以身作则。假如自己说的自己都不遵守，却期待员工遵守，这不是有悖情理吗？

2. 为下属树立一个标准，树立一个榜样

任何一个企业组织都像一面镜子，它会准确地反映管理者的观点、力量、信心、品格、愿望、忧虑、长处和缺点。为你的下属树立一个标准，树立一个榜样，是任何一个销售主管不可推卸、更不可逃避的义务。作为销售主管，你要在你的专业知识、工作态度、精神和肉体的忍耐力、情绪控制、处世技巧等方面为下属树立榜样。

忍耐力离不开勇气，在困难面前销售主管更要冷静沉着、处变不惊。试想，一遇到困难，连你自己都惊慌失措、晕头转向，怎么可能指望员工会有良好的表现呢？

3. 控制情绪，让自己拥有乐观的心态

要永远保持乐观向上的精神状态，要尽量控制自己的情绪，不可以在下属面前喜怒无常，出尔反尔，好事自己揽、坏事全怨人。假如你无法控制自己的情绪，或者陷入沮丧、自卑、惶恐的状态，又或者骄傲无比、目中无人，那么，你永远也领导不好你的下属，因为，你的情绪和行为无法让你的下属对你忠诚和尊敬。

4. 以礼待人，老练处事

销售主管必须做到沉着冷静、言行一致。做任何事都做得比下属更成熟老练、更有礼貌、更能始终保持自己的风度和尊严。在不触犯任何人的尊严和利益的前提下，适时地把话说得圆满、把事情做得得体。要想成熟

老练地待人处事，你必须深刻理解人性，要设身处地地考虑别人的感情和利益。礼貌是良好人际关系的润滑剂，它构成了处世成熟老练的一部分。假如你想得到别人的以礼相待，你也得不折不扣地待人以礼。否则，你就会显得傲慢、显得瞧不起人、显得缺乏教养，别人也就不会好好待你，至少是貌恭而不心服。成熟、有礼、大度的销售主管才能够得到下属的喜欢和拥护。

作为一位管理者，你想要什么样的员工，首先自己就要成为那样的人。

销售主管不可能做到尽善尽美，也不可能在一夜之间就转变自己的风格。但是，只要能不断尝试和改变就足够了。

调查发现，员工之所以心悦诚服地为他的团队努力工作、奋斗，主要是因为他拥有一位有威望的、能够以身作则的销售主管。这位销售主管像一块磁铁般赢得了大家的心，激励大家勇往直前。曾经听到一位员工推崇他的主管说："你和他在一起一分钟，你就能感受到他浑身散发出来的光和热。我之所以努力工作，就是因为他有一种强大的威严和魅力，深深吸引着我。"

其实，规则是给员工制定的，也是给领导自己制定的。倘若一个团队的领导都不遵守规则，如何要求团队的其他成员遵守呢？我们的企业中，最容易破坏制度的人往往就是制定制度的人，有时甚至就是最高管理者本人。墙上明明写着"请勿吸烟"，可是烟瘾上来了，最高管理者抽一支，别人也不敢说什么。很多领导口口声声说要进行团队建设，自己却没有按照团队精神去做。规则就是规则，确定下来就要坚决遵守。我们不缺乏规则，缺乏的是以身作则的理念和意识。

★管理学习课★

销售主管所起到的就是一个标杆作用，他永远站在队伍的最前方，给员工以榜样、力量、方向、方法，使得整个团队昂首阔步向前。因此，一个优秀的销售主管在带领自己的团队时，一定要时刻牢记，你不只是领头羊，更是指挥家！

公平、公正、合理，销售主管的三大绝技

作为一名销售主管，公平、公正、合理是做好管理工作的重要因素。这不仅关系到队伍的稳定、管理者的威信，而且对整个运营系统都有着非常重要的影响。

当一名销售主管在公众面前倡导公平，而私下里忘记了自己的主张时，对团队、对员工的“杀伤力”将是无法估量的。这甚至会让员工失去信心、让骨干做出错误判断，从而使得工作秩序变得混乱、标准不一。

鹏远大学毕业后进入了一家中外合资公司做销售工作。他很满意这份工作，因为工资高，还是固定的，不用担心未受过专门训练的自己比不过别人。如果拿绩效工资，比他人少得太多就会丢面子。这样倒好，没有压力，可以好好过一阵清闲日子。

刚上班的头两年，鹏远的工作平平淡淡，销售业绩一般。随着年龄增长，孩子出生，家庭经济压力增大，他有了一种成就事业的紧迫感。他更加努力地工作就是为了改变现状。随着对业务的熟悉和与客户关系的加强，销售额也渐渐上升了，他渐渐感到工作得心应手。到了第三年年底他的销售额已经在全公司名列前茅。对下一年，他很有信心，他要成为公司销售员中的冠军。

可是他觉得非常郁闷。自己拼死干活儿，工资却没有比以前多多少，也没有得到表扬。他听说当地另两家中外合资化妆品制造企业都搞销售竞赛和有奖活动，业绩优秀者可以拿到很高的工资。他感到在这家公司没有什么前途可言。

想到自己公司这套做法，他就非常恼火。其实一开始他并不关心表扬什么的，现在却重视起来了。不仅如此，他开始觉得公司对推销员实

行固定工资制是不公平的，一家合资企业怎么也搞大锅饭？应该按劳付酬。

不久前，他主动去找到公司经理，谈了自己的想法，建议按业绩给奖金。不料经理说这是既定政策，拒绝了他的建议。没过几天，鹏远就辞职而去，到另一家公司任职了。

由此可见，一名优秀的销售主管要及时警醒，对不公平现象采取适当的补救措施，将影响缩小到最小，而且自身的醒悟是最好的补救办法。因为下属不太敢于当面指出，普通职员也不见得有机会当面反映，等令员工不满的局面形成则悔之晚矣。

优秀的销售主管应当认真对待自己手中的权力，要想公平做事，就要把自己的心思摆到公平的位置上来，并且虚心听取各方意见，认真分析，甄别采纳。让下属敢于说话，这样就能及时发现自己在工作中的偏颇，将事业发展引向正确的轨道。最重要的一点是不能让团队对自己失去信心。

有专业公司在进行劳动力调查时发现：大多数蓝领员工，更追求公平，如薪酬、工作方式等方面的公平；而白领员工，更追求自由度，如自由、弹性工作时间、工作场所和工作方式等。

在很多企业，各方面的公平是创造满意度的基础，但也影响着员工工作的积极性、进取心甚至是去留。我们在对一些企业进行调查时，会问到“身边同事离职的原因”，超过四成的人会选择“受到了不公平待遇”，而这又常常体现在薪酬方面，所以，降低员工对公司的不公平感，一直以来都是企业致力解决的重要问题。

那么，一个优秀的销售主管如何做到公平、公正、合理呢？

1. 让下属明白什么是“有效付出”

在很多企业，都有一个现象——人们十分忙碌，甚至忙到连喝水的时间都没有，而当他们自己坐下来静静思考时，发现好像什么事情也没有做，关键是没有创造出什么价值，所以销售主管自然不会给他们涨工资、加薪水。但他们会感觉很不公平——付出竟然没有回报。所有的人都认为付出就应该得到回报，但只有高效才会获得价值，瞎忙是没有任何价值的。

所以，为了减少下属的不公平感，就要让每一个下属都了解到他的薪酬的来源和组成部分，给予正确的努力方向，这个物质基础会减少他们的不公平感。

2. 增加下属对自身岗位价值的认识

即便是一个拧螺丝的工人，也有他不可替代的价值。在德国的工厂里，你会看到每一颗螺丝旋转的力度和方向都是完全相同的，因为每个人都知道自己的动作标准代表着“德国制造”。所以，企业应该通过岗位评价的培训让自己的员工了解岗位评价的科学性，用客观的评价让员工了解到自身岗位的真正价值。

同时，将岗位评价的价值差与薪酬差挂钩，使员工更理性地认识到企业内部的薪酬差异，纵向、横向比较均体现公平感。

3. 对业绩优秀的下属进行奖励

（1）给予适当的奖励。

销售主管在一定程度上要满足下属在某些方面的需求。比如，要了解下属希望从工作中得到什么，一方面，需要销售主管在平时对员工多关注，从而了解他们切实的需求；另一方面，还需要多沟通，直接询问下属的需求与期望。这样，在一定程度上就能做到按需奖酬，对于下属的工作激情具有很大的调动作用。

（2）奖励的多少应与下属的工作业绩相挂钩。

销售主管奖励下属的目的是为了使下属的行为有助于组织目标的实现，倘若奖励不与下属的工作绩效挂钩，那么奖励就失去了意义。可以通过按绩分配、效益分享、按劳分配、目标考核等方式来让下属的奖励与业绩挂钩。

至于给予奖励的方式，一般有两种，即奖金部分和非奖金部分。奖金激励是企业最常用的激励方式，因为随着物价的上涨，一般员工的正常薪水只能满足日常的生活开销，而高额的奖金能使员工得到物质上的激励，从而达到让他们努力工作的目的；非奖金部分是指除了加薪制度之外的口头激励方式。销售主管要肯定和承认员工的成绩，适时地给予口头的嘉奖或公开的表扬，使员工从心理上有种被承认和认可的感觉，从而也能对员工起到激励的作用。作为销售主管千万不能吝啬你的语言，一句鼓励、一个微笑起到的作用要远远胜过怒目相斥。

(3) 惩罚业绩不佳的下属或者给予警告。

惩罚作为一种负强化手段，与奖励这种正强化手段是共生的，二者缺一不可。它可以帮助公司有效地防止各种非期望行为，借以保护多数员工的主动性和积极性。但处罚制度应合理，处罚的目的是鼓励员工在工作中遵守规章制度。

在一个企业中，规章制度所起的作用与法律在社会中的作用一样，违反了这些规章制度就必须受到处分。所以，企业要确立一个公平公正的处分程序。惩戒要想起到既定的作用，就得对号入座。先了解惩戒对象是哪种类型的，有的好逸恶劳，尽可能地逃避工作，并且抗拒公司变革，对于这种类型的下属，要以惩罚来强迫或威胁他们朝组织的目标努力，严格按照规章制度进行惩罚。

而有的下属平时工作努力认真，做事积极谨慎，只是偶尔会犯一些无心之失，对于这样的下属，过于严厉的惩罚反而会挫伤他们的工作积极性。受批评的人不仅听不进批评的内容，反倒会因当众被斥而感到屈辱。在这种屈辱感的强烈作用下，内心会愤愤不平，很难平心静气地进行反省。而鼓励和适当地宽容也许会取得较好的效果，使犯错者心存感激，在工作中更加努力。

一个优秀的销售主管必须要对下属进行批评时，要注意当时的场合和氛围，在不伤和气、又给人面子的情况下语重心长地批评，注意批评的言辞不要过于激烈。这是作为领导者所应该采用的批评原则和方法。

★管理学习课★

销售主管应该把对员工公平感的关注融于日常的工作中，从大处着眼，从细处入手，以提高员工工作热情和积极性。销售主管要做到办事公正，赏罚分明，即把一碗水端平，适时、适当奖赏，适度惩罚，才能更出色地打造你带领的团队。

管理最重要的不是权力，而是智慧

任何一种制度都只是管理的工具，不是目的。制度的设立与运用，不是为了管人，而是为了更好地用人，更好地为企业创造效益。当然，作为管理者利用制度树立自己的威信那是必不可少的。但是倘若有人不服你的管理，你又应该如何做呢？

鲍勃·胡佛是个有名的特技飞行员，时常表演空中特技。一次，他从圣地亚哥表演完后，准备飞回洛杉矶。惊险的是，飞行时两个引擎同时出现故障。幸亏他反应灵敏，控制得当，飞机才得以安全降落。虽然无人员伤亡，飞机却已面目全非。

鲍勃·胡佛在紧急降落以后，第一个工作就是检查飞机用油。不出所料，那架第二次世界大战时使用的螺旋桨飞机，装的是喷射机用油。回到机场，鲍勃·胡佛见到了那位负责保养的机械工。年轻的机械工早已为自己犯下的过失而自责不已，眼泪沿着面颊往下流。你可以想象鲍勃·胡佛当时的愤怒，应该会对这个机械工大发雷霆，痛责一番。

但是，让机械工人深感意外的是，鲍勃·胡佛并没有责备他，只是伸出手臂，抚了抚他的肩膀说："为了证明你不会再犯错，我要你明天帮我修护我的 F－51 飞机。"

相信鲍勃·胡佛的做法足以让年轻的机械工终生记住这一教训，永不再犯。那么，你是否还认为，对于犯了错误的员工批评和责骂是最好的做法呢？很多时候，错误已经犯下了，责备和抱怨都是于事无补的，所以你又何必为已经打翻的牛奶而发脾气呢？也许你的员工并没有大错，而你正在气头上的口无遮拦倒让你们彼此成了对立面，他最终选择离职……所以你应当尽量去了解和理解他们，而不是用责骂的方式。

总而言之，一位出色的管理者，专业技能不一定要出类拔萃，也未必在某个领域卓有建树，但必须具备将众多的甚至强于自己的人才团结在自己的周围的智慧。

一位名人曾经说过，在大企业林立的社会中，最大的问题就是人们感到他们个人已被完全遗忘了，他们感到自己微不足道。此时就需要一个好的管理者发挥作用，他应使自己的员工确信他们的重要性。当员工或他们的家属生病时，他要寄予同情，关心他们，与他们推心置腹。职场竞争的激烈化要求管理者要比以往任何时候都特别照顾员工的生活。对员工发自内心的关心，有时比死板无情的制度更管用。

其实，让员工服从的方法主要有三种，即德服、才服、力服。其中“德服”是指管理者用自己高尚的人格去感化员工，使之心甘情愿服从自己，这也是掌控员工心理最重要的方法；而“才服”是指管理者靠才智引导员工服从自己的意志；“力服”则指管理者以权力强迫员工服从自己的意志。

“才服”体现了较高级的管理艺术，但也有一定的局限性：必须以管理者的才干能力高于员工为前提。否则，“才服”便无法行得通。而以力服众的管理者，只要运用权力命令员工去做即可，简单易操作。但这套管理术对于那些比管理者更有能力的员工却效果有限，甚至未必能够行得通，极易引起抵触情绪和逆反心理。“才服”者管理下属，不但要他们知其然，而且要让他们知其所以然。

“德服”则与“才服”和“力服”均不相同，员工的才干、能力无论比管理者强或弱，都能够让下属心服口服，效果当然是最好的。也就是说，“力服”只能驾驭一般人，“才服”则要告诉员工“怎么做”，而“德服”则根本不用管理者操心，他只需吩咐员工“做什么”就行了。即便那些比管理者强的员工也会自觉地尽力工作。不仅如此，还有可能比管理者更懂得“如何去做”，从而做得更为出色。

“人之相识，贵在相知；人之相知，贵在知心”，作为管理者，倘若总是把自己的内心世界封闭起来，员工永远不知你在想些什么，听不到一句心里话，那么他只能是没有朋友的孤家寡人。只有向员工敞开心扉，把心交给员工，同员工心心相印，无话不说，员工才能亲近你，与你交心。管理者应当把本单位面临的形势、工作上的打算、遇到的困难和自己的苦衷，诚恳、坦率地告诉员工，让大家帮助出主意、想办法。这样，员工的工作才会越做越好。

当你的员工为自己的个人问题向你求教时，这说明他信任你、敬重你，也表明你们之间关系很好。不管你的员工要与你谈什么问题，请不要打断他的谈话或把他打发走。虽然对你来讲，这些问题未必非常重要，甚至是微不足道的，但也不要置若罔闻，因为它们对你的下属来说无疑是很重要的。

倘若一个员工今天气色不好，作为管理者的你就要问问他有什么不舒服。倘若他请假去照料生病的妻子，那么当他来上班时，就要问问他妻子身体康复了没有。假如发现他今天走路一瘸一拐，你就要问问他怎么回事。另外，还要过问一下他孩子在学校的成绩如何。这样做固然不难，然而在日常生活中，你会惊奇地发现，这种小小的关心会使你的上下级关系迥然不同。

赢得好人缘并不需要你花太大的精力，但是常常有相反的经验教训，甚至一个聪明的管理者也会完全忽视这种小小的关心。不要认为一个优秀的管理者就必须衣冠华丽、外表惊人，这些对你的员工来说并不重要。他们想知道的是他们的上司是否认识到他们的重要性，他们在公司中是否有一定的地位。

★管理学习课★

销售主管能够赢得人心绝不是靠手中的权力，而是靠自己的智慧。一个优秀的领导者应该懂得以德服人、以情动人、以个人魅力号召人，这样才能够带好自己的团队。

销售主管的两种能力：洞察力和趋势分析能力

一个优秀的销售主管必须具备两种能力：敏锐的洞察力和细致的趋势分

析能力。只有具备了这两种能力，销售主管才能够让企业一步步地走向富强之路。当然，企业强大了，员工的待遇自然也会提高。

什么是洞察力？洞察力就是指深入事物或问题的能力。简单地说就是做到察言观色。其实洞察力更多的是掺杂了分析和判断的能力，可以说洞察力是一种综合能力。

洞察力就是以批判的眼光，准确地观察并认知复杂多变的事物之间的相互关系的能力，它主要表现为能够“提出正确的问题”。提出正确的问题是销售主管打开成功大门的钥匙，当销售主管能对环境的威胁与机会提出正确的问题时，就能够形成正确的竞争战略。可以说，一位优秀的销售主管的第一资质就是这种敏感的、发现问题的洞察力。

什么是趋势分析能力？所谓的趋势分析能力也可以叫预见能力，它是指当事人根据事物的发展特点、方向、趋势进行预测、推理的一种思维能力。预见能力对企业销售主管成功引领一个组织的发展来说至关重要。

从某种意义上说，机会也是一种资源，是环境提供的一种资源。而具有洞察力的销售主管，必然具有对环境的适应能力。缺乏洞察力的销售主管必然会浪费大量的组织资源（包括机会），因为他无法抓住问题的根本，并且也不可能制定出成功的解决方案，其结果只有一个，那就是丧失许多发展机遇。

相信许多人都知道本田汽车。在世界汽车行业里，每80辆轿车中就有一辆是“本田”牌的。但使本田公司取得引人瞩目的成功、从而扬名天下的却是本田摩托车。本田摩托不仅在日本国内是龙头老大，在世界上也是名列前茅。这一切，归功于它的创造者——本田宗一郎。本田的发展并非一帆风顺，同样存在着目标的选择、决策的风险。

以20世纪70年代初为例，当时本田摩托在美国市场正畅销走红，本田宗一郎却突然提出了“东南亚经营战略”，倡议开发东南亚市场。此时东南亚因经济刚刚起步，生活水平较低，摩托车还是人们敬而远之的高档消费品，许多人对本田宗一郎的倡议迷惑不解。

本田拿出一份详尽的调查报告解释说：“美国经济即将进入新一轮衰退，摩托车市场的低潮即将来临。假如只盯住美国市场，一有风吹草动便损失惨重。而东南亚经济已经开始腾飞。只有未雨绸缪，才能处乱不惊。”一年半后，美国经济果然急转直下，许多企业产品滞销，库存剧增。而在东南亚，摩托车开始走俏。本田公司因为已提前一年实行创品牌、提高知名度的经营战略，此时便如鱼得水，公司不但没有遭受损失，还创出了销售额的最高纪录。

具有洞察力的销售主管能够发现别人忽略的甚至从没有看到过的机会、优势和实力。缺乏洞察力的销售主管把组织引向停滞、萧条而不是卓越，因为瞬间的粗心大意就会导致悲惨的失败。而持久的洞察力能让组织保持它的优势地位。见微知著的洞察力能够帮助小公司抓住瞬间即逝的市场机会，而对机会的有效利用则可以起到“四两拨千斤”的效果，使得公司以较小的成本获得较大的收益。

许多出色的销售主管正是在洞察市场变化、研究其发展规律的基础上，准确把握目标和发展方向，从而引领市场潮流并抢先占据有利地位，使组织立于不败之地的。

在企业中，有洞察力的销售主管有能力迎接挑战、发现机会、战胜各种艰难险阻。在观察问题时，他们不会只局限于某个环节，而是从大局出发，从整体上做出判断，所以他们看到的都是“大图画”。

一个优秀的销售主管应该知道行业大概的总容量、行业年度的自然增长率、各个品牌在行业中的地位和份额、政府和行业协会在此行业设立的相关法律和条例等，也就是说，销售主管必须要学会站在行业的宏观层面对企业的未来做展望，以便于制定企业长期发展的销售战略。可以说，销售主管对行业发展趋势的预见力是非常考验水平的一种能力。销售主管能够把握行业脉搏，顺势而为，以先见之明捕捉发现先机，可以让自己的企业在激烈的市场竞争中取得先发制人的优势，也能尽快做出成绩来。

中国快递行业的创始人之一聂腾飞，就靠这种能力淘到了人生当中的第一桶金。20 世纪 90 年代初，杭州印染厂工人聂腾飞听几个从事进出口行业的朋友说，从杭州的公司办货物出口时需要到上海去报关，而报关单需要在 24 小时之内审批才不会造成货物在港口的滞留。为此他们总是被公司派去出差，苦不堪言。

聂腾飞通过饭桌上的闲谈敏锐地察觉到，倘若可以由专人每天往返上海和杭州，不就可以帮许多企业解决这个问题？当时的中国邮政系统是无论如何满足不了这个需求的，而随着改革开放出口贸易量一天比一天多，于是聂腾飞自己买火车票替朋友的公司跑报关单，一单100元，而从上海到杭州的火车票为30元。后来聂腾飞创立了申通快递。

能通过细小的事情预测商机，能通过细微的变化看清大局，是每个销售员最需要具备的能力。在问题或者风险刚刚露出苗头的时候，销售主管就应该预见到问题的严重性，从而坚定地将问题和风险扼杀在摇篮里。销售主管或许不能准确地预测到金融危机的到来，但是他可能会有节约开支、随时准备过冬的思想意识，也就是未雨绸缪的意识。西门子正是凭借这种意识，平稳渡过了世界上几次重大的经济危机。

很多人认为预见能力属于某种天赋，是很难后天培养的。但是，有个美国著名的教育家则是这样认为的："预见的训练是正式的学术学科。"也就是说，对于销售主管来说，预见未来是可以训练和提升的。

1. 提高自身素质

不管是见微知著还是高瞻远瞩，都是以知识为基础的。只有了解了客观世界的规律，才能在事物露出萌芽时就预测到未来可能的发展方向。而提高自身素质的最佳方式就是多读书、多积累。

2. 养成捕捉信息的习惯

大数据时代，互联网为人们带来了海量的信息。作为销售主管，习惯互联网思维是至关重要的。一个人的时间和精力总是有限的，预见力的提升除了不断探求知识和掌握客观世界的规律以外，还需要有辅助性手段。作为销售主管，要善于在现代化预测技术方面投资。先进的信息收集技术、报表分析技术，或者购买其他机构提供的行业报告，都不失为有效的选择。

3. 大胆假设，头脑风暴

预见力本身就是对未来趋势的预测。在掌握的信息和时间、精力都非常有限的情况下，销售主管是很难预见到最接近现实的情况的。因此多预测几种可能性，从中判断最符合客观规律的情况，是既省时又省力的方式。大胆假设和头脑风暴是培养预见能力的良好训练方式。通过不断地假设、推翻再假设，并且把假设的结果和现实发生的情况不断进行对比，预测的结果会慢慢无限接近现实。

4. 培养和增强危机意识

“生于忧患，死于安乐”是人人都知道的真理。作为企业的销售主管，盲目乐观可能是致命的。危机意识的养成除了培养以史为鉴的能力外，还要有敢于试错的魄力。小型的可控的错误就像人类的痛觉神经，足以调动起企业的防范意识。

总而言之，一个优秀的销售主管必须具备敏锐的洞察力和精细的趋势分析能力。它是销售主管的宏观认识和战略思考的基础，是避免使自己眼光短浅、思维局限的必要保证。

★管理学习课★

每个优秀的销售主管都应该具备敏锐的洞察力和精确的趋势分析能力。应该凭着自身的经验对事物的发展趋势做一个合理的估计，努力使自己沿着这一趋势前行，从而为企业带来可观的利润。

销售主管的五大功能：管理、传达、协调、培训、执行

众所周知，大多数企业的管理体制是中层负责制。具体到销售领域，这个中层通常指业务主管、业务经理这类职务。他们的职位虽然不够显赫，但在整个管理系统中作用比较大，往往有着双重角色，有着承上启下的纽带作

用。对于基层业务员来说，他们是管理者，对于企业高层来讲他们是执行者；既要管理好本部门的人员，又要遵守销售总监或者销售部经理等上级的指示，传达企业高层政策和决议。

对此，企业对销售主管的要求是，不单单是做好自己的业绩，最重要的是管理好自己的团队。

石小兵最初为某公司的推销员，在市场部做产品推广工作。来新公司后，非常认同企业的经营理念、企业文化，他坚信：选择了该公司就是选择了人生成长的机缘。

自从进入公司以来，石小兵立志在今后的工作中尽职尽责，做出一番业绩。他快速熟悉公司的业务流程，不断开拓新客户，向外宣传本公司对客户遇到的问题都能热情处理，从未因纰漏而推诿，在工作之余还虚心向同事学习。

一年后，他的业绩越来越好，职位也水涨船高。此时，恰好公司决定开拓新市场，急需一批业务能力强的基层管理人员，石小兵理所当然地成为了重点培养对象：业绩名列前茅，工作经验也积累了不少。在竞聘中，他以巨大的优势得到销售经理这个位置，并带领了一支团队，开始了新的职业生涯。

然而，成功升职后的石小兵并没有风光再现，自己所带领的团队业绩连续六个月垫底。每当月底公司业绩评估的时候，他都感到焦头烂额，忙得四脚朝天，纵使亲自上阵也难以改变团队整体业绩低的现实。

例子中石小兵最大的失败之处在于，没有摆脱自己做业务员时“单打独斗”的工作模式。一旦被提拔为销售主管，这一招儿显然就不灵了，即使个人能力很强，业绩突出，也无法带动整体业绩，团队的业绩也无法提升上去，作为团队领头羊无疑是失败的。

因此，销售主管要善于改变，勇于突破，改变思考问题的固有思维，改变自己的工作方式。从而在保持个人良好业绩的同时，把更多的精力用到团队管理上去。

那么，作为销售主管，该如何做好团队管理工作呢？

1. 管理职能

销售主管作为管理层的一员，首先必须具备管理能力，适应“管理者”这个角色。销售主管或业务经理，通常都是从优秀的一线销售人员中提拔上来的，而一线销售人员工作较简单，只管执行，唯一的职责就是推销产品，提高业绩。当由一线提升为中层之后，之前单纯的执行者就转变为管理者，而做好管理工作则是一项更为复杂的工作。

管理能力对于一个主管而言，与职位高低是相对应的，当你的职位越低，相对而言，需要的管理能力就越少。反之，当你的职位越高，管理能力要求就越高。管理能力是一项综合能力，需要你的指挥能力、你的决断能力、你的协调能力、你的专业能力，还需要你的工作分配能力等。

2. 传达职能

销售主管的直接上级是销售总监或者销售部经理，下属是本部门内销售人员。他既是一线的销售管理人员，同时也需要将公司相关销售政策传达到销售人员。作为一个销售主管，承担着承上启下的任务，充当着传递员的角色。

比如，根据公司下达的销售任务，制订本部门的销售计划，包括：人员计划、人员目标分解计划等；根据公司总体战略安排，制订、调整本部门的销售战术，即具体的业务开拓方式。包括：客户切入方式、客户追踪方式及新的战术的规划实施。此外，还有一些临时性的决议、召开部门内的销售会议、公司布置的其他任务等。

3. 协调职能

所谓协调，这里是指疏通彼此，统一意见。这种协调包括两个方面的意思。一是跨部门间的协调，比如，你的下属、你的同事和你的上级产生了分歧，你必须去协调。毕竟企业是一个整体，你所领导的部门是整体中的一分子，必然会与其他部门发生联系，协调也就必不可少。值得注意的是，对于这方面的协调，目的不是谁输谁赢的问题，而是为了解决问题，解决问题的出发点是维护公司利益，部门利益服从公司利益。

二是部门内的协调，这也很重要，比如，下属工作中的问题，下属的思想动态，甚至下属生活上的问题。作为主管你需要了解和掌握，去指导，去协助，去关心。反之，你的团队就会发生内乱，降低凝聚力。

4. 培训职能

部门的强弱，不是主管能力的强弱，而是所有下属工作的强弱，绵羊领导一群狮子可以轻易地打败狮子领导的一群绵羊。作为主管，重要职责就是要将下属训练成狮子，而不需要将自己变成狮子。

作为一个主管培养下属是一项基本工作，不管你所领导的组织有多大，你要牢记你所领导的组织是一个整体，要用团队的力量解决问题。很多主管都不愿将一些事交给下属去做，理由也很充分。交给下属做就要教会他们做事的本领，增强他们做事的能力。

增强下属做事本领、做事能力的关键就是培训。培训是主管的重要职责，一个企业常常有很多培训，岗前培训、在职培训、内部培训、外派培训等。对于销售团队来讲，这些培训的直接负责人就是主管。

5. 执行职能

销售主管的执行职能，主要表现在带领团队完成企业规定的业绩目标。这是最重要的一项职能，也是最核心的职能。作为一个主管，无法带领团队取得好的业绩，那就不能称为一个合格的管理者。如果想要提高团队的业绩，就必须提高团队的执行能力，这就要销售主管首先有强有力的执行力，能够带大家实实在在地做事。

★管理学习课★

作为一个团队主管，已经不能以普通推销员的标准来要求自己了，不需要自己冲锋陷阵，而要管理好自己的团队，带领团队去作战，并通过一系列的有效的管理方法，来获得自己团队的权益以及其他部门的支持。

别人把销售当工作，主管要把销售当事业

一个销售主管为事业而工作，那么他就不会成为工作的奴隶，他把工作当成一种乐趣，当成一个展示智慧和才华的舞台，这样才能体会到人生的真正幸福。正如一位哲学家说的："工作就是人生的价值、人生的欢乐，也是人生幸福之所在。"所以，当销售主管把工作当成自己的事业时，生活就会变得很美好；而把工作看成一种苦涩的任务时，生活就会成为苦役。

成功人生的重要分水岭——为事业打拼而不是为工作奔波。是把工作当作生活的来源，还是把工作当作事业，其结果有天壤之别。把工作当成事业的人，一个典型的表现就是：充满了自信心，了解自己在做什么，熟悉行业的情况并且会把工作做到位。而只是为工作奔波的人则总是担忧失业，久而久之，就会不自觉地落入苦闷的深渊。

相信很多销售主管都听过这样一个故事：

在一个小镇上，一位路人问三个石匠在做什么。第一个石匠无可奈何地叹息说："我每天都枯燥无味地搬石头砌墙。"第二个石匠神色凝重地说："我的工作非常重要，我得把墙垒好，这样房子才结实牢固，住起来才舒适安全。"第三个石匠则目光炯炯，自豪地说："我的责任十分重大，这是镇上的第一所教堂，我要将它建成百年的标志。"10 年后，第一个石匠仍在另一个工地上砌墙；第二个石匠却坐在办公室里画着图纸，他成了工程师；第三个石匠则穿梭于全国各大城市，他成了国内有名的建筑商。

把工作当成事业来做，你的工作中就会充满了激情。作家拉尔夫·瓦尔多·爱默生说："激情像糨糊一样，能够使你在艰难困苦的场合里紧紧地把自己黏在这里，坚持到底。它是在别人说你'不行'时，能在内心里发出'我

行’的有力声音。”

有了这种态度，你就会以虔诚之心对待自己的工作，你就会变得比别人更容易成功。最后，你也一定会完成从平凡到卓越的转变。

南方某农业高校里的一个女孩，在老师的推荐下，加入了一个创业团队。这个团队由十几个学生共同组成，并且得到学院拨的一块土地和一些生产资料，他们把学习中所学到的知识运用到果蔬生产实践中。当时那个女孩以勤工助学为目的加入了这个团队的销售部。她的工作很平凡，就是有果蔬上市时，在校园周边摆摊进行销售，工资是以学校勤工助学标准报酬来计算的。

不过她加入这个团队之后，工作很认真，她并不只是卖瓜卖菜。她还想出各种名堂，譬如某种瓜或菜是按绿色食品A级标准来种植的，她就会在瓜或菜旁边写上相应的字眼，在卖的过程中还给顾客讲解他们的生产方法。在写月总结时，她把销售时间、销售地点，以及天气都综合起来，做了一个总结分析，得出哪个地点销售情况比较好，等等。她还通过阅读一些市场营销、财务管理的书籍，使自己得到充实。

后来她通过竞选当上了销售部的主管，并且成功地开拓了销售市场，联系了一大批快餐店和餐馆。她常常会和其他几个人一起研究团队的发展和未来。在她心中那不仅是勤工助学的地方，而是他们创业的家园，是他们的事业所在。

由此可见，只有工作做好了，事业才有成功的基础，职业生涯带给我们的经验教训一定能够帮助我们获得事业的成功。上面的这个案例告诉我们：要把工作当成事业来经营，当你做到这一点时你的人生旅途才会越走越辉煌。

比尔·盖茨曾经这么说：“如果只把工作当作一件差事，或者只将目光停留在工作本身，那么即使是从事你最喜欢的工作，你依然无法持久地保持对工作的激情。但如果把工作当作一项事业来看待，情况就会完全不同。”李嘉诚说：“无论未来从事何种工作，一定要全力以赴、一丝不苟。能做到这一点，就不会为自己的前途操心。”中国台湾经营之神、台塑集团创始人王永庆先生说：“一个人把工作当成是职业，他会全力应付；一个人把工作当成是事业，他会全力以赴。”

生活中，我们常常听到有人抱怨自己的工作太简单、太平凡、太没有前途，终日愤愤不平，得过且过。殊不知“一屋不扫，何以扫天下”，一个人连最简单的事情都做不好，又如何能做出惊天动地的大事呢？正如海尔集团总裁张瑞敏说：“把简单的事做好就是不简单，把平凡的事做好就是不平凡。”只要我们全身心地做好每一件事，即便是在最平凡的岗位上，也会干出卓越的成绩。

倘若你只把工作当成一种谋生的手段，甚至看不起自己的工作，就会感到艰辛、枯燥、乏味。久而久之，就会失去工作的激情和开拓进取的心态，就会变得越来越没有理想、变得牢骚满腹、变得痛苦疲惫，最后平平庸庸、一无所获。

倘若你将工作当成自己的事业，就会因此而迸发出无尽的热情与活力，自己的潜能也会得到最大程度的发挥。在自己不懈的努力下，业绩不断攀升，每一次小小的进步都会收获不小的成就。慢慢地，信心越来越足，不断超越自我，追求完美，又会取得更大的突破，自己的职业幸福感也随之提升。这时，工作对自己来说绝不是一种苦闷，而是一种快乐。

其实，每个销售员都应该把自己的工作当作事业一样来经营。那么，具体应该怎样去做呢？

1. 给自己一个合理的定位

首先要找到自己的职业北斗星，确定自己的发展方向，规划自己的职业生涯，明确自己要干什么，要达到怎样的目标。

2. 树立正确的职业理念

树立一个明确的职业目标。自己该怎么做？该拥有怎样的心态？是把工作仅仅视为工作，还是视为一种事业全身心地投入？

3. 提高自己的胜任素质和工作激情

没有能力就不能胜任自己的工作，没有激情就没有前进的动力。一个优秀的销售员要懂得进行自我激励，使自己拥有强烈的事业心。

4. 培养有效的执行力

要适应职业，成就事业，就须立即行动起来，融入公司，甘为公司付出辛勤和汗水，从而实现双赢。

★管理学习课★

一个有事业心的销售主管应该抛弃只为工作而工作的错误心态，把工作当作一生的事业来对待，确定好自己的人生奋斗目标，并对目标始终抱有无限的热情。

营造个人气质，传递向上的力量

香港著名企业家李嘉诚在总结他多年的管理经验时说：“倘若你想做团队的老板，简单得多，你的权力主要来自地位，这可以来自上天的缘分或凭仗你的努力和专业知识；倘若你想做团队的领袖，则较为复杂，你的力量源自领导魅力人格和号召力。”由此可见，一个聪明的销售主管只有把自己具备的素质、品格、作风、工作方式等个性化特征与领导活动有机地结合起来，才能较好地完成任务。没有领导魅力人格，销售主管的领导能力难以得到完美体现，其权力再大，工作也只能是被动的。

在这个世界上，有能力的人不一定都有领导魅力。销售主管的领导魅力影响着其执行的能力，其影响主要通过销售主管运用权力时产生的亲和力、凝聚力和感召力来体现。也就是说，对那些具有领袖特质和具有领导魅力的销售主管来说，一个典型的特征是他们能够唤起、激励、影响他人的积极性。

蔡崇信在阿里巴巴最困难的时候，用自己在金融界的人脉为阿里巴巴找到了投资。蔡崇信加入阿里巴巴非常具有戏剧性。阿里巴巴关于电子商务的理念，受到了一些国际投资集团的关注，其中就包括蔡崇信供职的集团。当时的蔡崇信任该公司香港区的副总裁，负责亚洲包括中国内地的投资业务。由于工作的关系，他来到阿里巴巴公司进行考察。目的不言而喻，希望能够找到一个理想的投资对象。

马云对蔡崇信谈了自己对于电子商务的看法，阐述了自己要做全球最大的B2B（企业对企业）网站的“芝麻开门”梦想，并且邀请蔡崇信到自己的“公司所在地”——也就是自己湖畔花园的家中进行实地考察。

蔡崇信在马云家中见到了令他十分吃惊的一幕：一个四居室中，竟然有20多个人在工作，地上还扔着床单等乱七八糟的东西，从他们的神态中可以看出他们的愉悦心情，看出他们对于阿里巴巴的热爱。而马云与员工的“零距离”接触，更使蔡崇信感到十分惊讶。

不久之后，蔡崇信又来到杭州找马云，但是这次他几乎没有和马云谈投资的事情，而是对马云带着“十八罗汉”打天下的故事很感兴趣。看得出，马云的故事深深地打动了他。

马云的独特魅力终于吸引了蔡崇信，他请求加入当时还处在成长期的阿里巴巴，这一举动令马云都大吃一惊。当时蔡崇信坚持自己的选择，用蔡崇信太太的话说：“假如不让他到你这里来，他会后悔一辈子的！”

就这样，蔡崇信辞掉了原来的工作，正式加盟阿里巴巴，由一个年收入达几十万元的高级经理人，变成了一个月只有500元工资的阿里巴巴人。

由此可见，马云的人格魅力太强大了，他活得轰轰烈烈、活得坦坦荡荡、活得真实自然。而且他这种人格魅力吸引了很多优秀的人才来和他一起朝着理想奋斗，从而成就了一番大业。

一个人才能够为之努力工作的理由很多，丰厚的报酬、诱人的前景、能够实现自己的价值等。其中，在一个团队中销售主管的人格魅力也是一个很重要的方面。

一个出色的销售主管必然是一个充满个人魅力的人。甚至有人认为，历史上的领袖人物往往并不是当时最有才能的人，无论是机智谋略、文才武功，还是经营之道，总有比他们更为优秀的人。而领袖之所以成为领袖，让这些更为优秀的人为之效力，就是因为“人格魅力”的缘故，其实也就是所谓的个人气质。这种魅力蕴含在言辞行动中，又超乎言辞行动之外。每个人都能够感受到这种魅力，但是又无所表达。

伟大的组织成就于领导力，而用魅力调剂的领导力犹如“酒基”调制的鸡尾酒，诱惑力极大，在竞争激烈的商场上已被证明其效能确实卓越无比。国外有通用电气的杰克·韦尔奇、西南航空的赫布·布莱赫、微软的比尔·盖茨，国内有蒙牛的牛根生、海尔的张瑞敏、长虹的倪润峰等，他们通过领导魅力的展示，赢得了员工无限的尊敬和信任，有效地激发了员工更加努力地做好本职工作。

1. 拥有宽广的胸怀

这体现在一个人对不同文化、不同派系、不同事物是否有包容心，是否能团结不同性格、不同背景的人一起共事，能否听得进反对意见，甚至包容自己的对手。作为销售主管必须依靠公司其他人提出的问题，来预知即将发生的挑战，并显示出对环境和下属需求的敏锐性。而且，销售主管必须能为指出企业内部矛盾的员工撑起一把保护伞，同时应持有激发人重新思考的观点。

2. 拥有伟大的品格魅力

很和蔼、很平易近人，这对于一个身居要职的人来说是非常难能可贵的，很多人都无法做到这一点，而这种和蔼、平易近人在员工心里产生的影响力、感召力是十分巨大的。还有的人可能能力平庸一点，但是心地宽厚、真诚待人，这也是一种魅力。有一位厂长，为人很谦和，丝毫不像一个当厂长的人。但是，工人们对这位厂长毕恭毕敬。因为那位厂长小时候家里很穷，很小就辍学打工，吃了很多苦，是靠着聪明才智和自强不息的精神，一点点把这个工厂做大的。

3. 一定要对事不对人

一个有远见的销售主管一定要对事不对人。这样才能够让员工感觉到领导批评他只是为了使他做好自己的工作，也是为了帮助他提高，不是给他脸色看，也不是跟他过不去。这样下属才会比较平静地接受批评，也会认同领导的这种严格作风。

4. 善于组织协调

作为一位销售主管，最重要的能力是协调组织的能力，即使你自己在业务能力上不够，但是能给能干的人机会，把他们的积极性和创造性调动起来，这就是领导者的能力。对于一位领导者来说，让比你能干的人在你手下开开心心地为你效力，这就是你最大的魅力。

5. 要能够激励大家

销售主管可以说是教练，是老师，也可以说是班长。他要想办法激励员工的士气，给员工传授经验，解决员工的问题，必要时还得自己亲自上阵。要让有能力、有意愿的人，死心塌地跟着自己打拼，并且激励有能力、没意愿的成员，提升有意愿、没能力的成员，这对团队领导者来说无疑是一个巨大的挑战。

6. 有极强的工作能力

销售主管的业务和决策能力很强，员工不会的事他会，员工做不了的工作他能做，自然在员工中就会产生威信，员工对他尊重甚至仰慕，魅力也就自然而来。

7. 要有远见卓识

作为一名销售主管，有远见是至关重要的。因为你处在主管的位置，就要有比别人更宽广的视野；在处理某些关键问题时表现出别人所没有的高瞻远瞩的眼光，能够非常迅速地做出决策，采取行动，把不确定性转变成机会和成功；减少追随者的担忧，并收获甚丰。这样的销售主管往往会赢得大家的信任和热爱，从而拥有一群心甘情愿的追随者，并愿意为完成使命做贡献。

★管理学习课★

销售主管之所以能够成为企业的领导者，很大程度上是因为他们拥有很高的管理素质。他们往往胸怀宽广、品德高尚、精通专业知识，更能够以身作则为大家树立一个好榜样。所以，管理的桂冠自然就落到他们的身上。

销售主管既要铁面无私，也要充满温情

在企业中，销售主管既要铁面无私，也要充满温情。换句话说就是，一个精明的销售主管要懂得运用恩威并施的方法来管理自己的员工。采用这种管理方法，既能给予员工以温暖，又能在员工心中树立威信。

其实，销售主管一味地对下属批评指责，很容易造成下属的失落或抵触情绪，破坏彼此之间的关系，使以后的工作更难开展。只有软硬兼施，左手“蜜糖”，右手“鞭子”，两手齐抓，才是管理的最高境界。先用鞭子发威，给下属一段惊恐的反思时间，然后再用软语鼓励，收服人心。这样，既能赢得下属的信赖，又能使下属有敬畏之感，让他们心甘情愿为你效力。

三洋机电公司前副董事长后藤清一先生（下面简称后藤）年轻的时候，曾在松下公司工作。有一次，因为一个小失误惹恼了松下，遭到松下的痛骂。松下一边骂，还一边拿着火钳，猛敲取暖用的火炉，由于用力太猛，把火钳都敲弯了。因为骂得特别厉害，当时在场的人都看不过去，挺身为后藤讲情，竟在松下一声“闭嘴”之后，也一块儿被骂了出去。

由于骂得实在太凶，后藤因体力不支倒地，被松下用葡萄酒灌醒。之后，松下把弯曲的火钳递给后藤，苦笑着说：“你可以回去了，不过，这根火钳是因为你敲弯的，所以在你回去之前要把它弄直。”后藤无奈，只好拿起火钳拼命敲打，而他的心情也随着这敲打声逐渐归于平稳。当他把敲直的火钳交给松下时，松下看了看说道：“嗯，比原来的还好，你真不错！”然后高兴地笑了。

事后，后藤回忆说：“听到老板说了这句话，那颗受伤的心立刻好了一半。”

后藤走后，松下悄悄地给后藤的妻子拨通了电话，对她说：“今天你先生回家，脸色一定很难看，请你好好地照顾他！”

第二天一大早，松下就打电话给后藤说：“我没有特别的事，只想问你是否还在意昨晚的事？没有吗？那太好了！”后藤回来说：“听完老板打来的电话，昨晚被痛骂的懊恼霎时烟消云散。我紧紧握着电话筒，内心对老板佩服到极点。”

对于一个销售主管来说，松下的做法很值得效仿。在痛斥下属之后，要注意善后，不要忘记立即补上一两句安慰或鼓励的话语。因为，任何人在遭受主管的斥责之后，都会垂头丧气、心灰意懒，对自己的信心丧失殆尽。心中不由会想：这下我完了，主管看我不顺眼，今后永无出头之日了。倘若他真抱着这种想法，结局只有两种：要么破罐子破摔，自暴自弃；要么与你反目成仇，对抗到底。那样的话，你今后的工作就难免要碰上尴尬的局面。

所以，身为销售主管，必须深谙“打一巴掌揉三揉”之道，适时利用一两句温馨的话语来鼓励下属。或者在痛斥之后，私下里找到他并告诉他：我是看你有前途，所以才批评你。这样，受斥责的下属听了之后，必会更加卖力地工作。所以，无论是用人还是训练人才，都要做到宽严得体，才能驾驭好下属，有效发挥他们的才能。

人力资源管理的方法有很多种，每一种都会有不同的成效。倘若一个出色的销售主管能够在下属的心中树立威信，就可以得到下属的尊重。然后在树立威信的同时，满足下属的合理需求，就会在威信之上再添温暖。

对于一个销售主管来说，恩威并用才能驾驭好下属。恩与威的运用并没有固定的方法，而是需要管理者的智慧，唯有收放得当才能征服下属，也才能让下属尽心尽力地工作。

日本著名企业家松下幸之助认为，管理者对于下属，应是慈母的手紧握钟馗的利剑，平日里关怀备至，犯错误时严加惩戒，恩威并施，宽严相济，如此才能成功统领下属。

慈母的手，慈母的心，是每一个管理者都应该有的。对于自己的下属，要维护和关爱。因为，他们是你的同路人，甚至是你的依靠。而且，也只有如此，你才能团结他们，达到公司的目标。

但是，同时还必须严厉。这种严厉基于人类的基本特性而来。松下认为，有些人不需要别人的监督和责骂，就能自觉自发地做好工作，不出任何差错。

但是大多数人都是好逸恶劳的，喜欢挑轻松的工作，拣便宜的事情，只有别人在后头随时督促，给他压力，他才会谨慎做事。对于这种人，就只能是严加管教，一刻不放松了。

一个优秀的销售主管要想带好自己的团队，要想赢得下属的心悦诚服，一定要恩威并施。

所谓“恩”，不外乎亲切的话语及优厚的待遇，尤其是话语。要记住每个员工的姓名，每天早上打招呼时，倘若你能够亲切地呼唤出员工的名字再加上一个微笑，这名员工当天的工作效率一定会大大提高，他会感到，领导是记得我的，我得好好干。

对待下属，还要关心他们的生活，聆听他们的忧虑，他们的起居饮食都要考虑周全。

所谓“威”，就是必须有命令与批评，一定要令行禁止。不能始终客客气气，为了维护自己平和谦虚的印象，而不好意思直斥其非。必须拿出做主管的威严来，让下属知道你的判断是正确的，必须不折不扣地执行。

销售主管的威严还在于对下属布置工作，交代任务。一方面，要敢于放手让下属去做，不要自己包打天下；另一方面，在交代任务时，要明确要求，什么时间完成，达到什么标准。布置了以后，还必须及时检查下属完成的情况。

销售主管铁面与柔情兼顾，才能驾驭好下属，发挥好他们的才能。当员工的工作表现逐渐恶化的时候，销售主管必须想办法找到根本原因，假如不是有关工作的因素所造成的，那么，很可能是员工个人的问题在打扰他的工作。有些销售主管对这种现象不是采取“这不是我的事情”而忽视它，就是义正词严地告诫员工振作起来，否则就卷铺盖走人；也有些销售主管一味地规范员工而不针对问题的核心。

★管理学习课★

销售主管要学会管人的艺术，面对下属的过失在批评的同时，更应该注重在批评过后的安抚。否则，只会让自己陷入一种非常尴尬的境地。倘若你不注意自己的工作方式，久而久之，估计老板也会对你产生不满，那么下一个离职的就很可能是你。

第三章 严格用人机制，不要最好的只要合适的

销售主管作为团队领导者和管理者，用人是关键，用什么样的人将决定着团队的整体素质和发展潜力。而更好地用人是建立在完善的机制上的。从这个角度来看，销售团队一定要有适合自己的选人机制。

多方招聘，筛选、过滤、聚焦，选出最合适的队员

人才招聘是一项烦琐的工作，要多方招聘，筛选、过滤、聚焦，最后选出合适的人。然而招到人只是一方面，更重要的是会用人，知人善任。善任，就是要适才适用，善用其长，力避其短，把合适的人放在恰当的位置上，根据他的专长来安排适宜的工作岗位。与此同时，不可轻视偏才，对有偏才的人，类似于鸡鸣狗盗式的人才，虽算不上杰出的人才，倘若能恰如其分地使用他们，也能发挥出他人不可替代的作用；要兼顾其所用之人的性格、兴趣和气质。

联想集团的总裁柳传志曾说过一句很有意思的话："管理的真谛就是——给猴子一棵树，给老虎一座山。"给猴子一棵树，给老虎一座山，指的是为人才提供一定的条件或环境，更确切地说是给人才提供合适的岗位，使他们的能力能够得到最大限度的发挥。给猴子一棵树，猴子可以轻松地攀登；给老虎一座山，老虎可以自由纵横。这就是企业管理中最简单、最有效的用人智慧。

某公司招聘一名副总经理，有位名校高才生前去面试，招聘者问高才生打算让公司每月支付多少薪水？高才生非常谦虚地回答只要公司需要，薪水多少自己不是很在意。招聘者又道："请明确回答希望公司支付你多少薪水？"高才生很无奈，只好说每月 2000 元。招聘者随即答道："你不能被录用，因为我们需要的是一个副总经理，而我们的普通员工月

收入都在2000元左右。”

另一个故事则是说某公司老总亲自面试一位应聘者，面试还没有开始的时候，总经理忽然接到一个电话，他边打电话边招呼该应聘者帮忙取一个文件夹，应聘者毕恭毕敬地把文件夹抱了过来，然后非常耐心地等待经理打完电话。过了一会儿，经理终于打完电话了，随即说了一句令应聘者匪夷所思的话：“你落聘了。”应聘者当即就问：“为什么？面试还没开始怎么就说我落聘了呢？”公司老总说，因为我让你帮忙拿文件夹就是一个面试题，在这个题目中你既没有问我要拿哪一个文件夹，也没有问我需要哪些数据，而且也没有主动帮我查询数据，为此我们决定不录用你。

应该说这两个应聘者都是失败的，然而他们失败的共同点就是找到的岗位并不适合自己，有句话叫作：“适合的才是最好的。”他们没有找到适合自己的岗位自然就不能被别人录用了。

也许第一个应聘者真的很有抱负，很想努力地造就一番事业，然而他却选择一个大公司的副总经理，可以说是很不适合的，且不说他的能力是否能够胜任该工作，单看对自己劳动报酬的需要就可知他不是十分相信自己的能力。一个自己都不相信自己的人怎么能够让别人对你刮目相看呢？这几乎不可能。我们很多人都知道，倘若一个人很有自信心，那么他就很容易成功。相反，倘若自卑，那么这个人成功的机会就大打折扣，甚至会因此葬送美好前途。

第二个应聘者应该是一个不善沟通之人，然而他却选择了一个需要与其他人大量交流的公司去应聘，显然也是不适合的，或许这个人在某些方面很有才华，但是在社会交往上，在需要敏锐观察力和较强公关能力的大公司，却是吃不消的。

著名企业家杰克·韦尔奇曾说：“让合适的人做合适的事，这比开发一项新战略更重要。”能够做到知人善任，让合适的人做合适的事，实现人与事的最佳配置，才有可能让一个人干得最好，把自己的作用和能力全部发挥和贡献出来，从而创造出辉煌的业绩。

其实，一个优秀的主管总希望自己招聘到的人才是最好的。有时候，最好的人才并不是最适合自己的企业的。所以，身为主管要反省一下自己对待人才存在的问题。

一个优秀的销售主管要具备“伯乐”的独到眼光与识别能力，要慧眼识珠、看准“好马”，从往来匆匆的应聘大军中真正辨别出什么是企业必需的“千里马”，从而主动“点将”，让“千里马”不埋没，让企业找到自己需要的有用人才。

人才的标准是什么？岗位不同，标准不一……

那么，什么是千里马？至少他德才兼备，是一个有发展潜力的人。以下几个标准供参考。

1. 以德为先

没有良好的职业道德、人生观和价值观的人，往往缺乏奉献精神，很难“将做好本职工作作为对自己的第一要求”，严重时其个人的不良倾向会波及和影响到整个团队，从而给团队带来较大的管理难度和管理风险。

能力越强的员工，如果没有良好的职业道德，可能对团队造成的危害越大。另外，需要引起我们注意的是：岗位技能可以培养，但人的道德一旦形成，就很难改变。

销售主管要识别应聘者是否有良好的道德情操，可以通过了解他以前的工作和学习情况来发现；有时也可以通过他们的言谈举止观察到“蛛丝马迹”，因为一个人内心的想法多数时候会“相由心生”“溢于言表”……

2. 务实为本

现在大学毕业生越来越多，好工作越来越难找，但自认为怀才不遇、眼高手低、好高骛远者还大有人在。这样的人，往往表现得浮躁、不务实，投机取巧，热衷于做表面文章，很难对团队有较大贡献。

销售主管要识别应聘者是否有良好的务实精神，可以通过他们以前的工作历史来了解，假如由于个人原因而频繁跳槽，这样的应聘者十有八九不务实，因此聘用时需慎重考虑。

3. 良好的团队协作精神

现代企业几乎不存在“个人英雄主义”的土壤。成功需要团队全体成员精诚合作、协同作战。

一个缺乏团队精神的人，表现为自私、利己，很难与别人合作，也很难认可别人的贡献。这样的人很难融入团队，即使有“一技之长”，也很难有机会施展，最终无法为团队创造出应有的绩效。

销售主管要识别应聘者是否有良好的团队精神，可以通过一些小游戏的测试，看看他们个人的表现欲和占有欲的强烈程度。

4. 扎实的专业基础知识

扎实的专业基础知识是能否进行有效培养继而使其成为“能人”的前提条件。倘若应聘者的专业基础知识很差，则会大大增加人才培养的难度和风险。在这些基础知识中，专业知识固然非常重要，然而最重要的还是具有哲学头脑和营销知识。因为一个人若具备了良好的哲学头脑，则理解和表达能力通常不俗，其逻辑思维能力会比较强，处理事务时一般会比较严谨和细致，能及时发现问题并能准确找到解决方法。销售主管识别应聘者是否具有这些能力，可以请他们就某一个问题进行书面或口头阐述，看看他们对该事务的理性分析程度和清晰表达的能力。

5. 较好的发展潜力

企业所需要的应该是这种具有较好发展潜力的人才，因为这样的人才企业所付出的成本可能不会很高，但创造的价值却是不断增长的。

销售主管要识别应聘者是否具有较好的发展潜力，可以通过观察其精神面貌去发现，或通过其对事物的个人见解去了解。

上面提到的几个标准，销售主管可以根据自己的实际情况和对人才的需求情况进行综合权衡。当“称心如意”的人才一时难求时，你不妨审视一下应聘者中是否有人具有如上提到的那些素质，也许你就是职场上的“伯乐”，他们就是你要寻找的“千里马”……

★管理学习课★

最好的未必是最适合的，最适合的未必是最好的。在企业的招聘中，销售主管要选择最适合的人才，要懂得看人之长、用人之长，而不能仅凭自己的主观愿望来要求别人。很多时候，我们力求完美的挑剔态度使自己与有瑕疵的优秀人才失之交臂。

引进“鲶鱼”，让团队紧张起来

很多销售主管都听过关于鲶鱼的故事。

从前，很多挪威人都非常喜欢吃沙丁鱼，尤其是活着的沙丁鱼。市场上活沙丁鱼的价格比死沙丁鱼高许多，为此，渔民总是想尽一切办法争取让沙丁鱼活着回到渔港。可是，不论他们怎么努力，绝大部分的沙丁鱼还是死在了运送途中。但是，有一条渔船却总是能将大部分沙丁鱼活着运回渔港，船长把这当作一个不能说的秘密，大家都不知道船长用什么法子让沙丁鱼活着回到渔港。直到船长去世的时候，这个秘密才被揭开——

原来起程之时，聪明的船长在装满沙丁鱼的鱼槽里放进了一条鲶鱼，鲶鱼进入陌生环境后，四处游动，沙丁鱼看见鲶鱼后十分紧张，便在鱼槽里左冲右撞，四处躲避，加速游动。鲶鱼就是很多沙丁鱼被活着运回渔港的秘密。后来，人们便把这一现象称为“鲶鱼效应”，指的是通过个体进入组织中，可以对整个群体起到竞争作用，从而加强组织成员的活力。

有相关经济学家这么认为，在商场上，无论是哪种类型的团队，一旦时间久了，团队内部成员相互熟悉了，团队就很容易缺少活力和新鲜感，于是大家就非常容易产生厌倦、惰性、倚老卖老。这个时候，倘若企业能从外部引入“鲶鱼”，制造一些变动的、不安定的气氛，引起大家的紧张，那么团队就会在这种刺激下爆发新的战斗力。在这方面，日本的本田公司就做得十分出色，值得我们借鉴。

有一次，本田公司的创始人本田宗一郎先生对欧美企业进行考察，发现很多企业都由三种类型的人才组成：一是干才，对企业来说，不可缺少，大概占了两成；二是勤劳的人才，这种人约占六成；三是终日东游西荡，拖公司后腿的蠢材，占两成。

本田先生对照了自己的公司，觉得自己公司第三种人更多一些。他想让前两种人才增多，让大家都具有敬业精神，想让第三种人才减少。但是，他到底如何做呢？倘若将他们完全淘汰，一方面会受到工会的制裁，另一方面又会使企业蒙受巨大的经济损失。而且这些人也有能力，只不过他们的工作态度不好，或能力与公司的要求有些差距。因此，完全淘汰他们，显然是行不通的。

后来，本田先生从“鲶鱼效应”中受到启发，于是实行了人事改革。首先，他从销售部入手，因为销售部经理的观念与公司的理念差距太远，而且思想守旧，严重影响了部署工作。必须引入一条“鲶鱼”，打破销售部气氛沉闷的现状。

经过周密的计划和不断地努力，本田先生选定了松和公司年仅35岁的销售部副经理武太郎。武太郎担任本田公司销售部经理之后，凭借丰富的市场营销经验、过人的学识，还有惊人的毅力和工作热情，很好地带动了整个团队成员。大家的激情渐渐地被带动起来，团队活力大大增强。很快，公司的销售额直线上升，本田公司的产品在欧美市场的知名度也不断提高。

从此，本田公司每年都会从外部引入一些30岁左右、精干的、思维敏捷的人才，有时候还会聘请常务董事一级的“大鲶鱼”。这样一来，公司上下的“沙丁鱼”都会有触电般的感觉，大家都会“慌”起来，于是积极地对待工作，使得本田公司的效益蒸蒸日上。

古语有云：生于忧患，死于安乐。事实上，在现实生活中，每个人获得成功与辉煌的机会都是相等的。而绝大部分人之所以平庸，最主要的原因是周围的环境给人们带去太多的安逸，使其放松自己、满足现状、固守平庸；相反，那些有着杰出贡献的人，他们每天、每时、每刻都会使自己处在一种适度的忙碌状态中，忙碌中带着固有的紧迫感、危机感，而正是这些特有的紧张、压力，激发出内在的无限能量，助其获得事业的成功。

虽然每个人都具有与生俱来的能量和无限潜力，但人们也有着天生的弱点即惰性，当人们每天使自己处在一个相对宽松、安逸的环境中，他的潜意识会不断地强化自己的惰性，在这种情况中出现贪图享受也就不足为奇了。这种状态也适用于动物群体中，就拿羊群而言，在澳大利亚的牧场草原上，经常会出现野狼吞噬羔羊的现象。为此，牧民在政府和军队的多方帮助下将狼群赶尽杀绝。但是狼虽然没了，羊群的数量依然逐年下降，因为随着狼的消失，羊群的紧迫感、危机感也消失了，它们失去了激发内在繁殖、生活的动力。

“鲶鱼效应”告诉大家：随着竞争日益激烈，人的心理压力也在不断加大，易出现各种精神紧张状况，但这种紧张并非完全有害无益，因为人们在生活中保持适度的紧张状态，不仅能够增添生活的情趣，还能提高工作和学习效率，有利于身心健康和事业发展。

尽管竞争对于人的成长和人尽其才来说非常重要，但是在用人当中引入竞争机制却并非易事。有些销售主管简单地认为，只要通过物质利益来刺激下属就算是引入了竞争机制，其实事情没有那么简单。在用人实践中，销售主管必须根据竞争的特点和人、事的具体情况，采取恰当的措施，加以正确启发和引导，这样才能真正引入竞争机制。

★管理学习课★

销售是一个充满竞争的行业，正是因为有竞争，企业才有了前进的动力。一个优秀的销售主管就应该懂得这一点。他应该时刻考虑如何为公司引进优秀的人才，从而让所有的人都向他学习，以他为榜样。

优秀销售人员的几个特性

销售是一项非常艰苦的工作，因此，不是任何人都适合做销售工作。做销售不易，做一个优秀的销售人员更不容易。一个销售人员的优秀与否与个人性格紧密相关，而个人性格在很大程度上受到其先天的秉性、生活环境、后天的教育等诸多因素的影响。

优秀的销售人员必须具备一定的基本素质。这些基本素质构成了优秀销售人员丰富的知识结构，从而指导着他们不断地克服销售障碍，不断地取得进步，进而逐渐地从普通走向优秀，直至向卓越发展。那么，这些基本素质到底是什么呢？

1. 信心

首先是你对自己要有信心，你要相信自己能干好，能够克服一切困难。其次是对企业的信心，相信企业能为你提供好产品，给你发挥才能实现价值的机会，使你自己的一切活动完全纳入企业行为中，并以你能成为该企业一员而骄傲。最后是对产品的信心，相信你所推销的产品是最优秀的，你是在用该产品向你的消费者、你的朋友提供最好的服务，一定会让对方幸福、快乐的。

2. 交际能力

销售工作实质就是公关过程。一般说来一名优秀的销售员也是一名优秀的公关人员。可以说你认识的人多就是资本，销售员必须有一个博大的胸襟来容纳一切人员。对于一名优秀的销售员来说，更是尽可能抓住一切时间、一切机会来交朋友。

3. 知识面要宽

销售员要与各行各业、各种层次的人接触，因此应对各种人喜欢谈什么要一清二楚，进而才能与对方有共同的话题，谈起来才能投机。但这种知识面是广博而不一定深精。因为销售员没有时间、机会去做太深的了解和研究。销售员应是“杂学控”，涉及天文、地理、旅游、时事新闻、文学、美术、音乐、体育、养花、钓鱼等方面的知识都应有所涉猎。一些销售员往往会不自觉地形成一种习惯，在每天出门前、候车时，从书亭买一份日报或足球、体育等报纸杂志，主要是为适应各类人群的共同话题。

4. 责任心

一个销售员的一言一行、一举一动都代表了公司形象，可以说销售员是一个企业的外交官。因此每个销售员都必须有一种强烈的责任心，把手上的工作干好，产生更多的销量，为企业创造更多的效益；同时向社会反映企业的形象、精神面貌、企业文化、理念。假如一个人没有责任心，他的业绩肯定上不去。整个公司对这个市场的开发工作无疑将受到影响，耽搁整个市场进度。假如你不注重言行举止，给社会大众留下极其恶劣的印象，那么社会大众自然会认为你们公司非常差劲儿。这个坏印象一旦产生，将很难扭转，即便派别的销售员来，也不易开展工作。因此一个企业在选派、招聘销售员时一定要看他有没有责任心。

5. 把握应该把握的一切机会

机会不是突然降临的，不是现成的收获，而是不断追求的酬劳，是艰辛劳动的成果。机会永远都属于有准备的头脑。销售过程中的机会包括动机准备、观念准备和才能准备。销售的成功是在一定的概率中实现的。优秀的销售员总是把注意力放在排除故障上，因为障碍的另一面就是需求。这种需求是一种潜在需求，将潜在需求转化为现实需求，销售所创造的完全是一种新格局。正因为如此，优秀的销售员总是把拒绝看成是销售的开始。

6. 面对挫折，具备“试一试”的勇气

虽然事先了解、掌握销售业务所必需的知识是非常必要的，但倘若你总想有了十分的把握再行动，那就失去了探索的勇气。具备“试一试”的胆略和勇气，不断地克服销售恐惧顽症，是每个销售人员应该具备的基本素质。优秀的销售人员从不言失败，只是将每一次销售都视为一种尝试，而且视为逐渐接近成功的尝试。

7. 必须具备旺盛的学习热情

在当前的信息社会，科技在日新月异地发展，销售业务包括销售内容、销售形式等都会随着科技的发展而不断地推陈出新。因此，优秀的销售人员需要保持旺盛的学习热情，努力学习不断更新的业务知识，掌握更为先进的销售方法与技巧。只有这样，才能不断地自我提高，不断地创造一个又一个的销售契机，从而逐步成长为一个更优秀的销售人员。

★管理学习课★

做销售不是件简单的事情，它要求销售员具备优秀的素质：自信、专业技能和交际能力，并且能够以微笑来面对暂时的失利，下定决心再试一次，还要始终保持学习的热情，因为在瞬息万变的社会中，知识也在飞速地更替着。

让优秀的人干他适合干的工作

每个人都有自己的长处，一个精明的销售主管一定要让最优秀的人才去做最适合他的工作，这样才能够让其才华得到最大限度的发挥。

在通常情况下，一个企业中20%的员工为企业创造了80%的利益，而大

部分员工只发挥了很小的作用，这说明大部分员工都没有充分发挥自己的才能。这就需要销售主管能够合理地调度人才，让员工充分发挥出自己的主观能动性。

在一个企业中，并不是所有的员工都可以为企业创造出相等价值的利润。所以，销售主管不要对所有的员工寄予同样的希望，要善于发现人才并给人才一个可以充分展现才能的平台。

美国道尔顿航空公司曾连续获得美国交通部颁发的最佳顾客服务奖、最佳准点航班和最佳行李搬运奖。1994 年，有近 125000 人向这家公司的 3000 个空缺提出申请，这显示了该公司的巨大活力和吸引力。

该公司的总经理非常重视招聘工作。他常常提醒公司的管理人员，哪怕是只有一个分公司要招一个人，也要把它作为事关整个公司前途的重大事情来抓。他坚信：我们要雇用最合适的人，并教会他们所需要的任何技能。只有如此，整个公司才能由最合适的人组成，去干出最出色的业绩。当有人想对此事稍有放松时，他都会立马给予纠正。

一次，公司要在一个小镇上找一个客机代理商。人事部门的经理在面试完 40 个人却还没有找到合适的人选后显得有点着急了，他找到总经理，抱怨为这 40 个人的面试已经花了不少钱。他是想就此将就着挑一个人也就算了，可总经理却很严肃地说，为找到合适的人选，面试 140 个人也没关系。在他看来，人是公司一切发展的源头，假如污染了这一源头，下游的一切都会逐渐被污染，因此没有必要在招聘问题上节约钱、时间或人力。

这种将招聘人才视作公司其他事情源头的说法似乎有些耸人听闻。不过仔细想一想也是很有道理的，假如每次招来的人都是凑合着用的，那长此以往，公司的将来又会怎样呢？所以，招聘一定要找到一个适合本岗位的人。当然，适合本岗位的人不一定是最优秀的人。

一个优秀的销售主管一定要善于发现员工的特长，并按照员工的特长为其安排合适的岗位，这样才能充分展现员工的才华。而员工也只有在合适的岗位上工作，才能激发自己的潜能并使其得到最大限度的发挥，才可以把工作做得更完美，为企业创造更多的利润。

通用电气公司原总裁杰克·韦尔奇说：“管理是很简单，就是将正确的人放在正确的地方。”

德国一家冷轧钢厂领导人霍尔曼被西方公司界公认为是最优秀的女经理，她在1979年访华时曾说：“作为一个经理，应该知人善任，了解每一个下级的工作能力和特长。在安排工作时，应将合适的人放在适合他能力和特长的岗位上。”

国际管理大师汤姆·彼得斯说：“完善有效的人力资源的开发，就是让合适的人在合适的位置上。”

销售主管总希望自己招聘到的人才是最好的。其实，有时候，最好的人才并不是最适合自己公司的。所以，身为销售主管有必要反省一下自己对待人才存在的问题。

1. 不要奢望招聘到完美的人

每个人都有缺点，人才也不是天才，要正视每个人的缺点，只要你能把他安排到适合他的位置上，就能发挥他的最大效用。

2. 清醒地认识文凭的价值

人才不能完全由文凭来决定，文凭和能力之间并不能画等号，即使是文凭与其实际知识相符的人，由于用非所学，或者用、学不能够完全一致，也不能发挥出他最大的作用。因此不可简单地把文凭当作衡量人才的唯一标准。

3. 用人的时候，你也要懂得用他的长处，发挥他的长处

每个人都有自己的长处，当用好了员工的长处时，他便能够最大限度地发挥自己的才能。所以，企业要尽量包容员工的短处，发挥员工的长处。这样，员工才能为企业创造出更多财富。

总而言之，一个精明的销售主管倘若不把各人的才能用到最能发挥其作用的地方去，那对人才是一个压制，是一种极大的浪费。比如，将一个性格内向的人安排到公关部门，他多半会痛苦不堪，因为他不习惯那样的生活作风，既难以和同事搞好关系，也难以和客户以及企业同行进行沟通和交流。可以说，能看出一个人有能力，还说不上是伯乐；既能够判断其有无能力，

又能够恰到好处地任其所长，这才是真正的伯乐。

★管理学习课★

每个人都有自己的长处与不足。很多时候，一个优秀的人并不一定适合所有的工作岗位。作为一名销售主管一定要让员工做最适合自己的工作，用好别人的特长就是自己的成功。

避免感情用事，对待下属要一视同仁

人活一口气，树活一张皮。人可以什么都没有，但一口气总是有的。只要活着，这口气总在。平时受轻视、被欺压，投诉无门，这口气拼命忍着、压着，后来，终于忍不住、压不住了，如堤水冲决而出，漫过了理智的河岸，这样就会十分危险。身为企业主管，不能高高在上，对下面的人不能任意委屈、愚弄他们。相反，处事要让他们高兴，平和他们的怨气。做到这一点，没有别的办法，只有一个“公”字。众人心理平衡、平顺，全靠主管能持之以公，也靠主管能秉公办事。

世间最可怕的事，就是不公平。成事在于以公平服人，不公平就很难令众人信服。张南轩曾经说：“从政需要公平心。心不公平，好事也会办成坏事。”让人觉得公平，首先在于平其人之气，平其人之情。人心之所以难平，就在于气的干扰，就在于情的牵挂。诸葛亮曾说：我的心像一杆秤，不为他人所轻重。

一家公司接到了客户赠送的三张旅游券，可是公司却有四个人，怎么办？公司主管自己拿了一张券，发下去了两张。显然有一个人没有得到券，他备受打击，对主管产生了憎恨心理。在留守上班的日子里，他故意把几笔生意给推了。且不说这位员工做法对不对，是那位主管先犯了错误，他应该去补一张券，或者自己不去旅游，或者对留下的员工进行解释，让他下次优先享受“好处”。

对于下属来说，不要以“领导者”自居，要放下架子，以平等友好、坦诚直率的态度与他们相处。不要做表里不一、心口不一的人。要关心下属，经常了解下属的生活情况、思想情绪、工作中的困难，竭力帮助下属解决生活中的困难，解除思想上的烦恼。更为重要的一点是：对待下属一定要做到一视同仁，千万不要以个人喜好待之。

那么，究竟怎样才能够做到一视同仁的呢？

对下属一视同仁，首先体现在相互尊重上。不能有亲有疏，处理问题对事不对人，要“一碗水端平”——如上面讲的，那位主管就没有一碗水端平，他可以用很多恰到好处的办法处理那件事，但他没有，以为自己是主管，有权分配利益。

要尊重下属的劳动，爱护他们的积极性、创造性。要善于宽容、谅解下属，倘若下属在态度、言行上对领导有所冒犯，也不必放在心上，要主动表示谅解，解除对方的心理压力和紧张情绪。

对下属一视同仁，必须坚持用人唯贤的原则。但毋庸讳言，有时也不免有个人情感的成分。有的人对领导敬而远之，退避三舍，怕太接近主管会被认为是拍主管的马屁。有的人则唯上司马首是瞻，亦步亦趋。奉承话好听，谁都爱听，会溜须拍马的人一时也可能比较讨人喜欢，可时间一长，便会令人生厌。有时奉承过了头，上司甚至会想，你在拿我当“阿斗”啊！也有的人以“谏臣”自居，以仗义执言标榜自己的刚正不阿。这样的下属，一般情况下上司是不会喜欢的。“忠言逆耳”这句话人人都懂，可倘若能做到既是忠言，又不逆耳，岂不更好？

对下属一视同仁，公平合理，是一个英明的主管处理与下属关系的又一重要原则，也是赢得下属信任的重中之重。你的下级发现你能公平公正地对待他，他一定会心情舒畅，干起活儿来，也必是斗志昂扬，一句话：肯卖命。

反之，倘若发现你“偏心眼儿”，可想而知，偏向的一方获得好处，似无怨言。但另一方则是怨声载道，旁观的第三者也会站在这一方。那么，你便会众叛亲离，而你偏袒的一方也会因此与别人“格格不入”。

如此，作为一个整体就分裂了。人们常说，整体功能大于局部功能之和。

一个分裂的整体，当然“元气大伤”。在竞争如此激烈的社会中，你的“窝里闹”必将置你于死地。

作为一个企业主管，你的下属由于你的不公而不团结，这真是你的悲哀。作为主管，你本该在下属中间起个调和作用，应该起到纽带的作用，促进他们之间的团结。为此你最好实行“等距外交”。

所谓“等距外交”，也就是上面提到的几点，要求你不能与一部分人或个别人过分亲密，而同时过分疏远其他人。在工作问题上，应该是一律公平，工作上一样支持、一样看待。不要戴着“有色眼镜”看人，不能因人而异，“看菜下饭”。

你一定要时刻坚持客观公正的态度，不为流言蜚语所左右，力戒将主观的想法付诸实践。如果你的行为带有明显的主观色彩，很容易失去公平。公平本身带有客观色彩，而主观与公平当是风马牛不相及。

其实，在现实生活中员工产生不公平感是很正常的。但这种不公平感直接影响到员工工作的积极性，作为一个优秀的主管到底应该怎么应对呢？

1. 建立公平的薪资体系和激励机制

一个优秀的销售主管应力求相对公平，建立公平的薪资体系和激励机制十分重要。

2. 建议基本薪资保密，激励工资公开

激励工资是应该公开的，让所有人都明白绩效完成到什么程度就可以获得什么样的奖励或处罚。而基本薪资建议是保密的，不宜公开。因为基本薪资通常是根据岗位、技能、学历、资历等客观因素设定的，只能是相对公平，与人们日常或阶段性的表现不能直接挂钩，而人们却常常用日常或阶段性的表现来进行比较，这也是导致不公平感的主要原因，因此，建议基本薪资保密。

3. 对员工进行公平的心理引导

销售主管要引导员工：一是要认识到绝对公平是不存在的；二是不要盲目攀比，不要过高估计自己的贡献和作用，压低他人的付出；三是不要按酬

付劳，给多少钱干多少活儿，这样会造成恶性循环。

4. 遵循公平公正的原则

销售主管在工作中处事是否公平，直接影响员工的公平心理和工作积极性。平等地对待每一个员工，公正地处理每一件事情，是管理者必须遵循的原则。

5. 培养员工对企业的认同感

员工是否感到公平，最终取决于他对企业是否认同。倘若员工对企业有认同感，即使报酬低一点，付出多一点也能接受。相反，倘若员工对企业不认同，即使报酬很高，也会从其他方面感受到不公平的。因此，一定要培养员工对企业的认同感。

★管理学习课★

销售主管处事要理智冷静，千万不要以个人好恶来对待自己的下属。很多时候，自己的感情用事往往给公司带来巨大的损失，这是非常不可取的。一个聪明的销售主管应该抛弃个人情绪，公平地对待每一位员工。

不专权，肯授权，充分发挥团队成员的战斗力

授权到底是什么？所谓授权，就是由企业领导者将其所属权力的一部分授予下属，从而给下属提供完成任务所必需的条件。同时，授权意味着赋予下属相应的责任。

权力可以产生权威，使用它可以维护组织的稳定，推动组织的发展，也可以破坏组织的稳定、瓦解组织；既可以服务于人，为大家谋利益，也可以

腐蚀人，给人带来巨大的灾难。作为一个企业主管，不可能凡事都亲力亲为。“大权独揽，小权分散”是控权、授权的有效方法。

日本“经营之神”松下幸之助就非常善于运用授权管理。1926 年，他想在日本金泽开设办事处，结果他把一个 19 岁的年轻人找来并告诉他说：“我们准备在金泽建立办事处，希望你去主持，你立刻就去，找合适的地方，租下房子，资金已为你准备好了，你拿去进行这项工作。”小伙儿非常吃惊，他不安地把他如何年轻，不能胜任这项工作告诉松下，可是松下却对他很信赖，而且十分肯定地对小伙儿说：“你一定能做到的，我会支持你的。”

结果这个小伙儿一到金泽，立即开展工作，并把每天的进展写信告诉松下。第二年松下有事经过金泽，年轻人率领全体员工去请董事长检查工作，结果为了表示信任，松下拍着小伙儿的肩膀说：“我相信你，你当面给我汇报就可以了。”那位年轻人非常感动，到后来金泽办事处越办越好，给松下带来了意想不到的利润。

松下幸之助回忆这件事时说：“我用这种信任的授权方式建办事处从来就没有失败过，对人信赖、权力激励是培养优秀员工的很重要的条件。”所以，高明的授权是既要下放权力给员工，又要给他们被重视和信任的感觉，既要检查督促员工的工作，又不能使员工感到有名无权，唯有信任的委托才是授权成功的基础。

每个人都有被重视、被信任的渴望，企业敢不敢放手用人，给员工一个施展才华的舞台与机会，是影响核心员工忠诚的一个重要方面。在对离职员工进行调查时，不少离职的核心员工都反映，领导不信任人，不愿意放权，不给自己发挥的余地，无论什么情况下犯的错误都推给员工，这是他们辞职的最主要原因。对于知识经济时代的核心员工而言，给予他们必要的信任和更大的决策权是精神激励的重要组成部分。

一个成熟的销售主管正确的做法是要善于从全局出发抓大事、要事，对一些无关大局的琐碎小事下放给下属，从而实现“分身”管理。这是主管用权授权的一个非常重要的方面。

倘若企业里出现了这种全权管理者，他受累是小，吃力不讨好是大。他得不到下属的敬重，相反还可能招致他们的埋怨。有些下属是非常勤奋的，他确实想做工作，想表现，恨不得主管给他创造尽可能多的大显身手的机会。假如主管不给他任务，而是自己忙前忙后，他就会产生“有心杀贼，无力回天”的压抑感，自己的才能得不到施展，早晚要递交辞呈走人。

所以，一个成熟的销售主管必须有所为有所不为，把权力下放，分给下属，让他们有学习、锻炼、成长、成功的机会。

核心员工大多具有更强的自主性，他们不仅不愿受制于物，而且无法忍受上级的遥控指挥，他们更强调工作中的自我引导。核心员工具有获得更大成就和业绩的意识，被企业委以重任可以促使他们对工作充满热情，发挥更大的主动性。企业的核心员工往往比主管更加专业，对自己的工作比主管更为熟悉。解决这个问题最重要的方法就是选择优秀员工，相信他们，给予他们足够的施展个人才智的空间与权力。

还有，主管在授予下属权力后要学会不干预，让他们大展拳脚，不会因空间狭窄而觉得缚手缚脚。真正让下属感觉到“你办事，我放心”的态度，让他们可以在职权范围内独立处理问题，完成工作，承担责任。

那么，一个成熟的销售主管在授权时应如何进行合理的统筹安排呢？

1. 看准人再授权

每个员工都有自己的能力水平和个性特征。对于能力相对较强的员工，多授一些权力，这样既可使工作如期完成，又能发掘员工潜在的能力；对于能力相对较弱的员工，不宜授予重权，否则就可能出现失误。同时，授权时还应该考虑员工的其他个性特征。比如：对于性格外向者应授权他解决人事关系及部门之间沟通协调的工作；对于性格内向者应授权他分析和研究企业策略等问题。因此，销售主管一定要看准人再授权。

2. 充分信任员工

企业主管和员工之间充分信任，是授权管理的前提条件。主管在进行授权以后，应给予员工充分的信任，采取“支持、商议、劝告、帮助”的办法，促进员工自主地行使权限，积极地自我管理，从而达到各自的分目标。

3. 进行公开授权

为避免被授权员工今后处理授权范围内的事时，其他部门成员不予以承认的混乱局面，销售主管应当公开授权。公开授权有利于其他部门的员工清楚主管授权的对象、所授权力的大小和范围等，同时公开授权能增强被授权员工的责任感，使其能积极主动地达到工作目标。

4. 耐心引导员工

员工有了职权之后，如何制订计划、如何安排工作、如何完成任务等，销售主管最好不要过问。但是，为确保组织目标能如期甚至提前实现，销售主管要善于发挥导向作用，要根据形势的发展，为员工提供切合实际的观点、方法和措施引导，不要强迫员工做超出能力范围的事情。

5. 授权要有记录

企业主管应以备忘录、授权书等书面形式授权。这一措施具有三大好处：当企业员工对被授权员工不服时，可借此为证；明确了授权范围后，既可限制员工做超越权限的事，又能避免员工推卸责任；避免主管淡忘授权之事，导致员工积极性受挫，使企业组织任务不能如期完成。

6. 定期检查进度

下放权限并不意味着管理者放任自流。销售主管必须对授权项目保持一定的控制权，对其进行定期检查，以关注员工工作进度和执行情况，并针对存在的问题采取相应的对策。给员工自主权的同时，还必须建立一套检查进度及目标完成情况的制度，这可在一定程度上减少企业组织面临的风险。

7. 授权要有范围

在面临特殊情况时，销售主管应谨慎处理，有的权多授好，有的权少授甚至不授更好。授权的禁区有企业长远规划的批准权、重大人事的安排权、企业技术改造和技术进步的决定权、对企业的重大行动及关键环节执行情况的检查权、对涉及面广或较敏感的情况的奖惩处置权、对其他事关总体性问题的决策权。

授权就像打篮球，不是把球交到谁手里，责任就是谁的，企业主管就什么也不必管了，还一定要考虑整体局势，相互协调照应。只有这样，被授权的员工才能有足够的力量去高效地完成任务。

企业主管进行明确授权后，其主要职责就是进行有效的控制，即要牢牢地掌握总目标，放手不撒手，对下属多指导，进行有效的监督，坚决杜绝授权失控。

★管理学习课★

销售主管再优秀也不可能什么事情都会做。即使都能够做得非常出色，也没有必要事必躬亲，那样只会让自己身心疲惫，而且未必能够把事情做好。一个有远见的销售主管一定要懂得把权力下放给下属。

招得来，更要留得住

有做人力资源的朋友说："做人力资源部经理以来，干的最多的活儿是招人，最怕的是突然接到员工的辞职信。"人员的非正常离职，尤其是核心骨干员工的离职，往往让主管备感被动。"就像复印机用光了纸，就像订书机没有了订书钉，他们总是拣最不合适的时候离开。这种现实会刺痛你，当优秀的人才，尤其是那些你特别想挽留的人决定离开时。"

为什么有些人加入公司时"高高兴兴上班来"，最后却"陆陆续续离职去"？当企业的非正常离职从"个体行为"发展为"一种现象""一股潮流"时，一个英明的销售主管就应该反省一下：是雇主不仁还是雇员不义？是招人策略有问题还是用人机制出了毛病？是经营思路产生偏差还是企业文化变了味儿？所以，离职管理绝不是一个简单或轻松的话题。

面对这种情况，销售主管需要这样做：

在员工向主管透露了辞职意愿之后，销售主管要对此予以绝对保密，封锁其辞职消息。对员工来说，这为他改变主意而继续留在企业消除了一个障碍。这个障碍有可能使他在重新考虑自己的决定时变得犹豫不决。因为在决定了辞职之后，再推翻自己的选择，无论怎么说都是一件很令人尴尬的事情。倘若公司中的其他人对此毫不知情，就还有进行选择的可能。倘若这一消息马上传开，这个员工即使没有下决心也会很快就决定走了。

这时销售主管需要做的是，与提出辞职的人才进行坦诚的谈心。有一些员工可能并不是真心要离开公司，而是想通过这样的方式来实现自己的愿望，如工资晋级、职位变换等。这种谈话实际上可以看成是企业与人才进行的又一次“劳资谈判”。谈心时，一方面，要诚恳地劝说人才留下来；另一方面，要倾听人才对公司的意见，尤其是他或她辞职的原因；同时还应该了解人才打算去什么样的新公司、为什么选择这家公司。通过了解这些信息，一方面，主管可以寻找人才的心理突破点；另一方面，通过这样的谈话，可以了解公司管理中存在的问题。一般来说，员工离开公司，总是说明公司管理中的什么地方出了问题，存在弊端。

为了缩短推销人员或工厂人才同高级管理人员之间的距离，IBM（国际商业机器公司）采取了最通常的做法——“敞开大门”。小沃尔森用这种措施来衡量 IBM 的健康状况。小沃尔森认为，这是用其他办法无法办到的事情，有意见的 IBM 人才最初可以向他们的直接管理者诉说苦衷，但是倘若得不到解决，他们有权直接找到小沃尔森。

其实，每 10 个这样的案件有 9 个本来应在下级加以解决，或者级别较低的管理人员已经为之做出了正确的决定，不过，小沃尔森还是认真听取员工们的意见。由于小沃尔森从小就在 IBM 的氛围中受熏陶，他对员工的问题了解得比较多，而且对 IBM 存在的问题深有感受，以致他每次听到员工们的申诉，都能敏锐地发现：“这里面的确有问题，要跟踪加以解决！”

有一次，一个员工的抗议导致小沃尔森彻底改变了 IBM 决策层的办事方式。波基普西工厂的一个即将被开除的机工找到了小沃尔森，非常不满地说：“管理者待人不公平！我干的活儿比那个车间的任何人都多，而我拿的工资却最少！”

小沃尔森难以置信。他给波基普西工厂的经理打电话，把这位机工的话原原本本地告诉了经理。

经理在电话那头解释道："这个，你知道，他是一个非常不愿合作的人。他不是IBM俱乐部的成员，他不参加我们的厂外活动，有时他来上班时甚至穿得邋邋遢遢。"

这不是小沃尔森所提的问题，也不是小沃尔森所需要的答案。他又给那个申诉不满的机工的工头拨通了电话，问道："机工说他干的活儿最多，拿的工资却最少，这是不是真的？"

就这样，问题很快就解决了。

这是小沃尔森的成功，他用自己的智慧挽回了人心，从而留住了优秀人才。这种做法很值得一些优秀的销售主管学习。

每个人离职的原因各不相同，作为一名英明的销售主管要找出原因，想办法留住自己身边的优秀人才。那么，一个优秀的销售主管具体应该怎么做呢？

1. 提供具有挑战性的工作机会

在职场中，优秀的人才都渴望具有挑战性的工作。在一家没有将员工放在第一位的公司，工作的分配基于公司的需求，通常也要求员工按既定的方式来处理工作。而一家能够留住人才的公司，会花更多力气来将员工的热情和天分与工作要求相匹配。同时，也会鼓励员工寻找更好、更快、更有效率的工作方式。

2. 平衡工作和生活的弹性工作时间制度

大部分员工的理想工作是那些作息时间灵活，能理解和关心员工个人和家庭需要的公司。现在越来越多的员工离职的原因是因为工作和生活不能兼顾，如上班地方离家太远，或工作时间太长而个人可支配时间太少等。毕竟优秀人才也是人，也需要具备普通人生活的条件。很多有实力的大企业留给优秀人才的工作时间的弹性非常大，有的公司允许员工白天休息，晚上工作，这样工作效率反而更高。

3. 提供个人培训和职业发展机会

优秀人才非常看重学习和成长的机会。正是看到了这一点，大多数公司都把职业发展前景和专业培训机会作为吸引和留住优秀人才的一项重要措施。倘若公司舍得在员工身上投资，为其提供教育培训和职业发展机会，本身就说明管理层对人才的重视，认为他们的潜力值得进一步培养和发展，希望他们不断成长，并打算将来从公司内部，也就是他们中间选择比较优秀的人才，提拔到公司关键的领导岗位上。

4. 对工作成绩及时给予认可和奖励

员工们都希望自己的工作能力能够得到主管的赏识。很多公司经常给员工加薪和分红，但是却不知道，最能激发员工的工作热情的，并不是实物方面的奖励，而是精神上的重视、认可和赏识。如员工因为某件工作完成出色而受到公司领导亲自表扬，即使只是一两句当众口头表扬，也会极大地激发该员工进一步积极工作的热情和愿望，加深领导和员工之间的理解和信任，以真挚的感情来留住人才。

5. 制定合理的薪酬和福利制度

为了争夺优秀人才，公司的薪酬福利水平要有市场竞争力，最好高于或大致相当于同行业平均水平；在公司内部要适当拉开薪资分配的差距；对有突出贡献的优秀人才，要实行重奖，体现出人才的价值；还可以在干部和员工中采取股份和期权等多种形式的分配方式，使员工的切身利益和公司利益捆绑在一起，增强公司的内部凝聚力，解除员工后顾之忧，从机制上保证公司和员工都能得到共同发展。

★管理学习课★

企业对于人才要招得来更要留得住，这是每个销售主管都应该做到的事情。对于一个企业来说，留住优秀人才才能够保持自己的实力。其实，留人也要讲究一定的技巧。很多时候，销售主管要对队员的业绩给予一定的表扬和奖励，给自己的下属多提供一些培训的机会，公正地对待每一个员工，尽量给员工合理而具有竞争力的薪俸。

紧跟形势，大胆起用网络销售人才

经常看到Google（谷歌）、百度等公司大规模地招聘具有丰富经验的网络营销人才，以满足自身迅速扩大的市场规模。招聘广告中，销售代表、渠道销售经理、网络销售顾问、商务代表、客户维护经理等都是热招的岗位。

与此同时，一些房产、卖场、电器、电视购物、信息技术、网络科技等行业也都在积极招聘网络营销人才，以通过网络渠道拓展市场。业内既熟悉网络营销、网站运营又熟悉行业和技术的营销高手，成了网络业界各行业挖角的重点。

随着互联网和移动互联网的发展，电子商务软、硬件环境的建立和完善，近几年网络营销发展非常快，用“如日中天”来形容一点也不为过。据《商务部“十二五”电子商务发展指导意见》，2010年我国电子商务交易额达4.5万亿元，网络营销产业规模突破200亿元，到了2014年，这个数字分别达到13万亿元和1000亿元，如此大的规模，表明网络营销已经进入了快车道。

越来越多的大型企业也意识到了强化电子商务，招揽网络营销人才的重要性，并将其当作企业发展战略和长期规划的一部分。中小企业或小微企业为了突破严峻的生存危机，也希望能够通过网络营销来获得“救命稻草”。

香港德裕集团是为Mango、Topshop、Next等国际品牌代工的著名鞋类生产企业。自2011年以来，董事长庞德力感觉到，企业的生存环境正在变得越来越艰难，尤其是电子商务的快速发展给传统市场带来了更大冲击。

同时，他也注意到电子商务兴盛给传统企业带来了不少机会，是打开内需市场、实现转型升级绝佳的机会。所以，庞德力开始着手革新，将一部分业务向电子商务方向转型。

不过，在转型的过程中，庞德力遇到另一个难题——电商人才严重不足：即使高价也很难聘到理想的人才。花费大量财力专门打造的电子商务平台却苦于找不到合适的电商人才而多次搁浅。

随着零售巨头如苏宁、国美、万达集团、红星美凯龙等传统企业跻身电商，通过网络渠道开辟的销售市场有着无限广阔的发展前景，而电商人才缺乏的情况日益严重。

网络营销是一种成本低、效果好的新型营销方式，社会和行业对于网络营销人才需求非常旺盛。但网络营销毕竟是一个新兴的事物，因此既懂得网络技术，又懂得网络营销的复合型人才凤毛麟角，很难寻找。由此可见，目前网络营销人才需求缺口很大，在这样的市场环境下，对于企业来讲更要学会独辟蹊径，大胆起用网络销售人才，抢先占据本就不多的宝贵资源。那么企业该如何做呢？

1. 与各大院校进行合作

高等院校永远是人才最稳定的输出库，之所以选择大学院校首要原因是人才的专业性有保证。网络营销人才，与传统营销人才最大的区别就在于技能，受过专业训练的大学生无疑是最好的选择，唯一不足的可能是经验的欠缺，但这对新型人才来讲并不是致命的，因为每个人都是在摸索中前进。

况且大学生作为人才的主力军，基数大，成本低廉，可大大降低企业用人成本。

2. 企业自行培养

网络营销人才尚属新鲜事物，大家几乎都处在同一起跑线上，所以对企业来说与其到处招揽人才，不如马上自己培养。引导员工快速地学习并掌握网络营销知识，适应市场需求。

由于网络营销知识十分丰富，要想在最短的时间里掌握这些知识，最好的办法是参加专业营销机构的培训，而且要选择一个不错的培训机构。

值得注意的是，培训需要先做好前期准备工作，一般来说，一个好的网络营销机构不仅拥有优秀的师资力量（很多老师要来自著名互联网公司，他们往往拥有丰富的经验），更能够合理设置课程，还要采用有效的教学方式（更易于学员学习、理解、掌握并运用），同时要具有完备的增值服务（给学员超值享受）。只有这样，才能够让学员“入门快、学得会、用得上、就业好”，轻松培养出社会和行业所需要的、优秀的网络营销人才。

3. 借助猎头公司

这是针对中高级人才而言的，这是因为中高级人才属于求职者中的稀缺品种，培养难度大，一旦有需要时必须高额聘请外来人员。因此，在寻求高端、精英人才时最好还是借助猎头公司，一是这些猎头公司对行业有比较深入的了解，二是从人才的素质到成本都能得到保证。

★管理学习课★

“互联网+”，作为一种国策已经提上发展日程，有人说未来只有一种产业，那就是互联网产业。换句话说，未来任何行业都要与互联网挂钩，作为企业，必须适应时代需求，培养具有适应市场发展需求的网络复合型人才，才是当下最好的选择，也是最有前景和“钱”景的选择！

第四章 完善培训体系，销售从来没有天生的精英

每个天才都是后天培养起来的，一个优秀销售团队也需要定期或不定期的“培养”。团队培养最主要的方式就是培训，包括团队文化培训、职业道德培训、销售技能培训等。

不仅给队员“鱼”，更要给队员“渔”

“授人以鱼不如授人以渔”，意思是说传授给人知识，不如传授给人学习知识的方法。这个道理非常简单：鱼是目标，钓鱼是手段；鱼是成果，渔是方法。一条鱼能解一时之饥，却不能解久长之饥，倘若你想永远有鱼吃，那就要学会钓鱼的方法。销售主管对团队成员也要授之以渔，这样才能更好地完成销售目标。

在壁挂炉行业当中，佛山市顺德区瑞马电器有限公司建立了一套扶商政策，与加盟商建立了战略合作伙伴关系，风险共担、利益共享。

随着壁挂炉行业的成长，越来越多的经销商加盟进来。提供好产品是实现双赢的基础，但是没有赢利的销售模式支持，生产出再好的产品也很难销售出去。瑞马壁挂炉能够成为壁挂炉行业为数不多高速发展的企业，得益于企业与经销商联手建立商战的统一战线，联合作战，企业全力支持经销商的成长。瑞马壁挂炉销售主管认为输出经营理念比输出产品更为重要，企业把帮助经销商建立科学的产品结构、宣传模式、陈列风格等工作放在销量之前，渗透在每一次的合作中。

为了让经销商掌握相关技能，瑞马壁挂炉定期会对投资加盟瑞马的经销商和销售人员进行技术培训、新产品培训、销售技巧培训等一系列培训，指导帮助他们将产品更好地向市场推广。此外，瑞马壁挂炉给经销商提供宣传渠道、销售方式、资金支持，在专卖店装修方面也给予帮助。

瑞马壁挂炉销售主管说：“优秀的经销商是培育出来的，企业应该帮助经销商成长才能实现共赢。为了塑造瑞马品牌形象和提高知名度，瑞马壁挂炉因材施教，打造了一套系统的营销方案，指导和帮助经销商做好市场营销。”

由此可见，培训经销商、教给他们获取成功的方法是极其重要的。这就是所谓的“授人以鱼不如授人以渔”的道理。

那么，一个优秀的销售主管应该教授什么样的方法使队员也能够获取成功，从而提高整个团队的业绩呢？

1. 尽量让顾客参与到销售互动当中

销售是一个互动的过程，并不是一个人的表演，同时做好互动是增加我们产品信服力，使顾客关注我们讲解内容的最好途径。

2. 学会应付讨价还价的顾客

消费者在购买产品时讨价还价的原因主要有：对价格有异议；追求成就感。

我们的应对策略首先是自信，突出品牌力，建立不容置疑的诚信感。其次需要对顾客适度地恭维与夸奖，使顾客获得某种程度的满足感。最后用执着触动消费者的怜悯心。

3. 学会赞美

赞美顾客可以使顾客虚荣心上升，给顾客以好感，使其头脑发热，利于冲动购买。同时，也要善于应对购买影响者，因为其可能会影响到我们的整个销售过程。

4. 学会利用销售道具

我们写议论文需要论据，做数学证明题同样也需要用“因为……所以……”，同理，在我们实际的销售过程中，我们要学会利用一些报纸、书刊、评论上对我们有利的信息，来作为我们销售产品的有力论据。

5. 善于与一线品牌做比较

一个优秀的销售员要对竞争对手的产品了解透彻，才能更好地解说自己的产品。解说时还要尽量把自己的产品质量、功能、性能向第一品牌靠近，拉近我们与第一品牌的距离。

★管理学习课★

授人以鱼不如授人以渔，这是一个深刻的道理。作为一名销售主管不仅仅只是运用智慧管好自己的下属，他更应该教给下属一些获取成功的方法，毕竟下属的成功和自己紧密相关。

培训有重点，不同的人不同对待

大家都知道，自然界里没有两片完全相同的树叶，同样，世界上也不存在两个完全相同的人，每个人都具有独特的性格。因此，掌握关于性格的理论，对于实现有效管理具有非常重要的作用。销售主管学会了解和掌握人们性格中的共同性和典型性，有助于区别不同对象、采用不同方法，对队员进行管理。

孔子的学生中，子路、冉有和公西赤三人，性格各异：子路鲁莽冲动，冉有谨慎，公西赤则机敏。所以孔子认为一千辆兵车的国家，可让子路去管理军务；千户居民的城邑、一百辆兵车的大夫封地，可以让冉有当总管；而公西赤可以穿着礼服，立于朝堂之上接待宾客，参与外交。

长久以来，中国人一直以谦虚为美德，不善于或不好意思将自己的才能表现和展示出来。随着改革开放，与外界尤其是与西方文化的交流日益增多，人们的一些观念也有了很大的转变。

此种变化在人才招聘上也表现得非常明显。

曾有这样一则广告。诚聘：具有网络背景、熟悉互联网、具有一定的管理能力、英语六级以上、硕士博士优先，月薪要求低于 1.5 万元者免谈；熟悉三维动画设计的美工人员，月薪要求低于6000 元者也免谈。

这则广告引来了众多的应聘者。一位应聘者如此袒露心迹："我敢来应聘，是因为我对自己充分自信，否则我就不会来。该企业敢提高工资，对应聘者来说，具有一定的挑战性。"

有家大企业负责人说："敢要高工资，至少说明他有能耐、有勇气。互联网时代，只有那些浪潮前的经理才是真正的成功者，跟在浪潮后面的人永远不会有出路。互联网上的规则是'第一名可以成功，第二名可以获利，第三名可以谋生，其他的只好靠边站。'我们需要的是有才能和勇气的人。"

作为一名销售主管要实现有效的管理，就不能盲目被动地应付管理中出现的各种情况，而应该自觉、主动地分析和估计可能出现的各种问题。这样才能做到心中有数，并及时采取必要的预防性措施，使工作得以顺利进行。因此，在实际管理中，销售主管应在掌握员工性格类型的基础上，努力做好行为预测，并根据员工可能做出的行为，采取恰当的方式进行安置与管理。这样才能提高管理水平，实现有效管理。

1. 提拔重用目光远大的员工

在询问下属"企业应该向何处发展""你有什么打算"等问题时，假如发现下属不满足于现状、有远大理想、有不同寻常的发展眼光，且想法也不空泛，那么，这是一个值得重用的人，可以提拔重用，成为共谋大事的搭档。

2. 多加任用善于倾听的员工

善于倾听别人谈话，能够抓住对方本意、领会其要旨，回答对方提问言简意赅的人能担当大任。

善听是一种修养，它只有经过长期锻炼才能形成。同时，这些人还有谦逊的品德、随和的个性，具有经营和管理的天赋。一般来说，三言两语就能切中问题要害的人，往往是思维缜密、周详而又迅速果断的人。他们对事物体察入微，而且客观全面，做出的决定也实际可靠，是能担当重任之人。任用他们，企业业务扩展获得的成果一定会更大、更实在。

3. 对“胆小”心细的下属委以重任

在布置任务时，有的下属常说“我担心……”“万一……”之类的话。乍听起来，这种人会给人留下胆小怕事的印象，其实不然，因为他们往往思维比较严密，能够居安思危，经常考虑到可能发生的各种情况和结果，同时也善于自我反省，明白自己的所作所为可能出现的结果，很有责任感。由于对工作中所遇到的困难和出现的问题有足够的重视，他们工作起来就会有条不紊，越做越好。销售主管应当给他们加压、委以重任。

一个常说“肯定是……”“就这么回事儿”“一定成”“没问题”之类的话的人，往往给销售主管一个爽快能干的印象。事实上，这种轻下断言、轻易许诺的人是非常靠不住的。轻易判定没有任何困难，这至少表明他工作草率，不具备发现问题的能力。轻易许诺是缺乏承诺的诚意与能力的一种表现。

4. 千万不要重用居功自傲的员工

有些人争强好胜，喜欢在别人面前夸耀自己，有点小功劳就沾沾自喜，不时地向主管表功。这种喜欢居功自傲的人常常是功不抵过。

有人谈论各门各类的知识时，只是泛泛而谈，虽有些道理，似乎是博学多才的人，但是倘若是博而不精、杂而不纯，未免有欺人耳目之嫌。主管对于具有某种证书的应聘者，应该考察他是通学还是博学多才的人。通学者，善于吸收别人的精华，自己没有什么独到见解和思想，对于知识的掌握还局限在理解阶段。博学多才的人，博学精通，见多识广，但往往不动声色，甘于在平淡中显神奇；善于把握信息，思考目前的各种情况，立即领会对方的意图；眼光犀利，善于洞察先机，迅速把握有利时机，随机应变；沟通能力良好，善于搞好各种人际关系；思维灵活，不拘一格。一言以蔽之，真正博学多才的人，是能洞察对方、见机行事的人。

与人交谈时，有人常把“我”字放在前面，不顾对方的心情与感受，大谈自己的看法，炫耀自己的学识，显示自己的才干，似有怀才不遇的感慨。

对这种自命不凡的人，尽管他有些特长，但也不能放心大胆地使用。这种人自以为是，自以为什么都懂，却恰恰反映出他们是彻底的无知。有了这种夸夸其谈的心态，他们做起事情来经常会不顾主管的意图，按照自己的意思去做，以为这才是个人价值的体现，却往往会误了企业的大事，成为企业发展的阻碍。

5. 不要使用华而不实的员工

说话模棱两可、公式化的一问一答、善于应酬而胸中无策的人是不能委以重任的。

华而不实者，口齿伶俐，能说会道，口若悬河，滔滔不绝，乍一接触，很容易给人留下良好的印象，被当作一个知识丰富、表达力强、善交往、能拓展业务的人才。但是，主管千万不要被他的表象所迷惑，需要分辨他是不是华而不实的人。考察这种人，谈话要多一些具体的问题，给予具体的任务，让他找出对策，试办具体的业务，倘若此人谈话、做事避实就虚，圆滑应对，说明此人是华而不实者。

6. 不可信任不承认他人长处的员工

在向某一下属了解另一下属的情况时，或者当着某一下属的面表扬另一不在场的下属时，倘若这位下属不承认他人长处，拐弯抹角地揭别人的短处，对主管表扬别人心里很不服气，那么，此人是不值得信任的。这种情况表明，不是他看不到他人的长处，就是妒忌心很强，担心别人在某些方面超过自己。无论是什么原因，此人都是不值得信任的。

★管理学习课★

正如没有两片完全相同的叶子一样，也没有两个完全一样的人。作为一名销售主管要具体问题具体分析，要针对不同的人采取不同的管理方法。针对有价值的人，销售主管要懂得委以重任，对待骄傲的、华而不实的人一定要小心，对待自我而无视他人长处的人则千万不能给予珍贵的信任之情。

精神培训，每个人都有一颗大心脏

在实际工作中，每一个公司、每一个组织都是一个团队，从领导到员工，勤奋努力肯定是必不可少的，同时，每一个员工都应该充分地意识到自己是团队的一分子，自己有责任为整个团队的利益而互相合作、相互支持。大家心往一处想，劲儿往一处使，将个人利益置之度外，这个团队才是有希望的，才能战胜各种各样的艰难险阻。同时，也只有当一个人把自己的人生目标和团队目标联系在一起时，才能超越个人的局限，发挥集体的协同作用，进而产生“1+1>2”的效果。在职场上，我们需要这种团结的精神，有了这种精神，我们将士气如虹，无往而不胜。

从前，有两个饥饿的人得到了一位长者的恩赐：一根鱼竿和一篓鲜活硕大的鱼。其中，一个人要了一篓鱼，另一个人要了一根鱼竿，于是他们分道扬镳了。得到鱼的人原地就用干柴搭起篝火煮起了鱼，他狼吞虎咽，还没有品出鲜鱼的肉香，转瞬间，他连鱼带汤吃了个精光，很快，他便饿死在空空的鱼篓旁。另一个人则提着鱼竿继续忍饥挨饿，一步步艰难地向海边走去，可当他已经看到不远处那片蔚蓝色的海洋时，他浑身的最后一点力气也用完了，他只能眼巴巴地带着无尽的遗憾离开人间。

后来，又来了两个饥饿的人，他们同样得到了长者恩赐的一根鱼竿和一篓鱼。只是他们并没有各奔东西，而是商定共同去找寻大海，他俩每次只煮一条鱼，他们经过长途的跋涉，来到了海边，从此，两人开始了捕鱼为生的日子，几年后，他们盖起了房子，有了各自的家庭、子女，有了自己建造的渔船，过上了幸福的生活。

一个只顾自己却不懂得协作的人，他面对的只能是失败甚或是死亡。而一个人倘若能够利用彼此的长处相互合作，不仅能够吃上可口的美食，更为重要的是有一条光明的人生大道在等着他。

早在1945年，日本的“经营之神”松下幸之助就提出：“公司要发挥全体员工的勤奋精神”，并不断向员工灌输所谓“全员经营”“群智经营”的思想。为打造坚强的销售团队，在20世纪60年代，松下电器公司会在每年正月的一天，由松下带领全体员工，头戴头巾，身着武士上衣，挥舞着旗帜，把货物送出。在目送几百辆货车壮观地驶出厂区的过程中，每一个员工都会升腾出由衷的自豪感，为自己是这一团体的成员感到无比骄傲。

松下幸之助在给全体员工树立一种销售团队意识的同时，松下公司更是花大力气发动每一个工人贡献智慧和力量。他建立提案奖金制度，不惜重金在全体员工中征集建设性意见。虽然公司每年颁发的奖金数额巨大，但正如公司劳工关系处处长所指出的：“以金额来说，这种提案奖金制度每年所节省的钱超过给员工所发奖金的13倍以上。”不过，松下公司建立这一制度的最重要目的，并不在节省成本上，而是希望每个员工都能够参加管理，希望每个员工在他的工作领域内都被认为是“总裁”。

正是因为松下公司充分认识到群体力量的重要，并在经营过程中处处体现这一思想，所以松下公司的每一个员工都把公司视为自己的家，把自己看作公司的主人。纵使公司不公开提倡，各类提案仍会源源而来，员工随时随地——在家里、在火车上，甚至在厕所里，都会思索提案。

松下公司与员工之间建立起可靠的信任关系，使员工自觉地把自己看成是公司的主人，产生为公司做贡献的责任感，焕发出了积极性。松下公司因此形成了极大的亲和力、凝聚力和战斗力，使公司不但从一个小作坊发展成世界上较大的家用电器公司，而且成为电子信息产业的大型跨国公司，其产品品种之多，市场范围之广，成长速度之快和经营效率之高都令人惊叹！

松下公司之所以能够成为举世闻名的大企业，这与松下先生个人的努力有很大关系，更是全体员工团结合作的结果。在这里，团队协作精神显示了其非凡的力量。

团队是一个有机的、协调的并且有章可循的结构合理的整体。这个整体的能力并不是它的所属成员的能力的简单相加，而是一种不论在数量上还是质量上都远远超出每个成员的能力的新力量。

我们知道，一个人的能力是有限的，当一项工作或任务远远超出个人能力范围时，进行团队协作就势在必行。团队不仅能够完善和扩大个人的能力，还能够帮助成员加强相互理解和沟通，把团队任务内化为自己的任务，真正做团队工作的主人，这样的团队会战胜一切困难，赢得最终的胜利。而作为这样的团队成员也会在团队协作这个过程中迅速地成长起来。

一个高效率的团队是一个表现优秀、使内部成员和外界均感到满意的工作集体。它总是同高难度的工作任务、成员的全身心投入、通力协作以及对创新矢志不渝的追求紧密联系在一起。无论是案例分析、小组项目咨询，还是从事行业分析工作，团队精神是否能得到发扬都是决定工作成果高低的最为重要的因素。

成功的团队合作随处可见，无论一支足球队、一个企业、一个研发团队还是一个军队，成员的合作无间对于团队的成功至关重要，没有哪个成功的团队不需要合作。良好的合作氛围是高绩效团队的基础，没有合作就谈不上很好的业绩。在团队中往往更能够充分体现个人的价值，因而宽容、善于合作、具有团队精神的人取得成就的机会就更大。

协作永远是使自己受益也让别人受益，而只顾自己的人不会让别人受益自己也不会受益。只有懂得协作的人，才能明白协作对自己、别人乃至整个团队的意义。一个放弃协作的人，也会被成功所放弃。

那么，一个优秀的主管应该如何调动下属的积极性，发挥团队合作的力量，从而让自己带领的团队创造出优异的成绩。

1. 建立有效的沟通机制

沟通是我们工作过程中必不可少的一部分。倘若不能很好地沟通，就不能保持团队精神和凝聚力，大家会像一盘散沙一样，彼此之间也没有任何信任可言，当然也就不能出业绩了。一定要建立一个有效的沟通机制，让个人目标和团队目标达到一致，让员工的士气高涨、更好地表现出凝聚力。

2. 遵循“人尽其才，才尽其用”原则

销售主管对于人事的安排要遵循“人尽其才，才尽其用”的原则，对每一个人作出最合适的安排；尽可能地满足员工各种合理的愿望。

3. 慎用惩罚

在企业中，一般在管理员工的过程中，都会有惩罚和激励这两种手段，惩罚过度会带来不良后果，激励是积极的、主动的，能持续提高效率。倘若你没有掌握好惩罚的度，对某一个员工老是惩罚，这就是对他的否定，对于他来说，再多的工作激情也会磨灭。正面的激励与肯定可以增强员工对企业的认可，也会使其工作更有动力，一味地否定不仅不会使他们改正错误，反而会造成心里极度不舒服，会造成意想不到的后果。

★管理学习课★

一个优秀的销售主管要懂得给员工以精神培训。因为只有你真正用好了员工精神，员工们才能够不遗余力地为你效劳，才能够使得整个团队的业绩得到提高。

知识培训，做学习型队员和专家型队员

社会发展到今天，变化越来越快，已经到了日新月异的程度，稍一停顿，我们就有可能会被远远地甩在后面。任何事物都是发展的，没有一成不变的东西，我们只有在发展中完善，才会不断前进。

在发展中变化，在变化中发展，这是永恒不变的真理。我们所学的知识

也是一样，今天觉得很有用的东西，到了明天可能就一点用处都没有了，不仅没有用，可能还会阻碍我们前进的步伐。那么，在新鲜事物层出不穷、知识日益老化的今天，每个销售人员应该如何应对这样的挑战呢？销售人员要不断学习和思考。

销售员林之晓干了一段时间的销售工作，觉得压力很大，有点吃不消。这天他来到销售主管办公室，说："产品无人问津，客户越来越难对付，我真不知道应该怎么办了。"

"你不是做得很好吗？有不少客户反映你很受他们的欢迎。"销售主管说。

"上次一位客户问了很多关于产品以外的话题，跟产品有一点关系，但理论性很深，我被问倒了。"林之晓闷闷不乐。

"被客户问倒，说明你准备得不够充分。有很多客户是很专业的，对产品很有研究，像我们这样的产品同类的还有很多，所以客户提出各种问题是不可避免的。有的客户还特别喜欢对产品的内部构造、工作原理问题感兴趣，当客户问起这方面的知识，你要能够与之探讨和解释。不仅要对产品了解，对产品相关的内容最好也知道一些，这样能让客户觉得你很懂行。所以说，做销售需要不断地学习，不断地补充未知的信息，否则就会被淘汰。"

"做销售也需要学习？"林之晓感到非常不解。

"推销技能是靠提前计划、思考、学习总结，敢于去做的工作态度得来的。为什么人家可以卖得好，而你不行，这就要多去学习，多去做。闲时多琢磨，练好本领是自己的，人家拿不走！"销售主管头头是道地说。

"是的，我就是没有意识到学习的重要性，认为销售只要练好嘴、跑好腿就没问题了，谁知道里面还有这么大的学问呢！"林之晓后悔地说道。

"做销售也需要学习？"很多销售人员都和上例中的林之晓一样，没意识到这一点。销售离不开学习，成功的销售人员需要不断地摄取知识，给自己充电，提升自己的知识水平和业务能力。只要掌握一些方法技巧，再加上随机应变的嘴上功夫，就一定能够做好销售，做销售用不着学习专业知识。这种想法是非常错误的。

销售人员要想更快地成长，就必须具备学习的能力。作为一名优秀的销售人员所需要接触的知识十分广泛，从营销知识到财务、管理知识；从行业知识到产品知识；从公司营销策略到销售政策等。完善自己的知识结构，达到从专才、通才到复合型人才的提升。可以说销售绝对是“综合素质”的竞争，面对如此多的知识和信息没有极强的学习能力是无法参与竞争的，在速度决定胜负、速度决定前途的今天势必会被淘汰。

做销售虽然不同于做学问，不要求高、精、尖，但要求涉猎庞杂的知识体系。要妥善处理好与各类顾客之间的关系，销售人员必须尽可能学习与掌握广博的知识。没有丰富的知识阅历，是难以应付推销工作的。推销活动的成功与否与各学科常识联系密切。销售人员必须具备广泛的知识来源，经常了解社会、经济、政治、文化等方面的状况及其未来的发展趋势。

有的销售人员认为对自己的专业领域了解透彻就足够了，但他不知道，自己应付的是整个社会，是不断变化的各类人和事，需要多方面的经验与学识，而不仅限于产品知识。倘若你知识丰富，和任何人都能很融洽地沟通交流，能够在很短时间内让你的客户信任你，那么你一定能够成为一名优秀的销售人员。

社会发展的竞争，除了已经有的经验，更多的在于工作突出以及平时用心学习。因为聪明的销售人员都在学习，大鱼吃小鱼的年代已经过去，社会发展竞争的核心是行动速度。谁不学习，谁不行动，谁不总结反省，谁不每天进步，那么注定会被市场淘汰。

销售人员需要不断地学习。学习专业知识，学习销售技巧，学习业务经验，不但要学习本领域内的各项内容，对其他领域的知识也应有所涉猎。专业的业务知识和丰富的学识，是不断努力学习的结果。因此，倘若你想成为受客户欢迎的人，面对客户的话题都能谈得尽兴，那么，就从现在开始你的学习之旅吧。下面是给你提供的几项学习建议。

1. 广泛涉猎各类知识，丰富与客户间的交谈话题

整日忙碌奔波的销售人员把时间和精力都放在拜访客户、推销产品上，很少有时间看书读报，听新闻，也从不关心经济、心理学等表面看上去和自己的业务无关的知识，更很少关注和了解国家的组织机构和方针政策。因此，很多时候在和客户交谈时，往往处于被动局面。优秀的销售人员几乎对社会的方方面面都有所了解，从国家大事到百姓话题，都能侃侃而谈，这也是能够接近客户的一个重要因素。与不同的顾客找到不同的话题，学识丰富，使这些销售人员能够更游刃有余地开展销售工作。

2. 根据客户的需求学习各类知识

拥有多方面的知识，可以搭建顾客和销售人员之间成交的跳板。比如，为了了解各类顾客的心理，你应该学习心理学；你还可以从公共关系学中吸取与人交往的知识和技巧；还应该在社会学的范围内，研究人的行为模式、习惯以及不同年龄在性格上的差异等。

3. 不断地“充电”，用学习来保住身价

工作中光凭总结他人的经验和积累自己的经验是远远不够的。要想当销售冠军需要不断地获取新的知识才能跟上时代的脚步。你若是一个需要每天接触不同的人或者不同商品的销售人员，所以你必须有广阔的知识平台。很多技术性、专业性强的东西，你不一定要深入了解，但是不能够完全不了解。倘若如此，会让客户因为发现你在相关领域所表现出来的无知而轻视你。

★管理学习课★

随着时代的发展，对销售人员的要求也在一步步地提高。这就需要销售员不断地提高自身素质，跟着时代的潮流学习各种知识，把自己锻炼成专家、学者一样的销售员，这样才有利于自己跟客户很好地沟通交流。而一名销售主管一定要想方设法培训下属的这种能力。

话术培训：如何化解客户的敌对情结

俗语说："林子大了，什么鸟儿都有。"销售人员接触的客户越多，客户量越大，碰到的客户类型就越多。不同的客户具有不同的特点，他们或沉默或健谈，或友好或敌视……在多种多样的客户中，有一种客户一遇到销售人员就会对其产生敌对情绪，产生厌烦感。

当遇到此种情形时，很多销售员都难以接受客户的这些疑问、质询或异议，往往会出现不正确的处理态度：与客户争辩、表示不屑、不置可否、显示悲观、哀求语气等。

这些态度都是错误的，销售人员应该避免出现这样的态度，因为这些态度会使销售人员失去客户。销售人员应该正确对待这些疑问、质询或异议。客户会提出疑问、质询或异议，说明其认真听取了产品介绍，而且他对销售人员所介绍的产品有兴趣，所以才会根据自己的要求提出疑问、质询或异议。我们可以从这些疑问、质询或异议中判断客户是否真的有需求，了解到客户对自己的接受程度，这有助于销售人员迅速调整推销战术，最后让销售成功。

其实，客户的敌对情绪是一种很正常的心理反应，毕竟没有人喜欢别人从他口袋里掏钱。敌对型客户容易情绪失控，而且显得不可理喻。针对敌对型客户，销售人员不能马上离开，更不要以牙还牙，最主要的是想方设法与他们交朋友，同时，销售人员要时刻保持镇静，以平静的语气讲话，待客户冷静下来再讨论客户关心的问题并提供解决方案。

某日，下班时间气温骤降，忙碌了一天的银行员工们正匆匆往家赶。一名电子银行客户经理回到家中，手机铃声就急促响起。原来是一位企业网银客户打来电话，且情绪很激动，称当日汇出款项无法查询明细，并称以往一直如此操作，今日却大相径庭，无论怎样做也无法查出明细。对此，客户经理耐心解释此为网银升级改版所致，并详告新版网银查询方法，但因客户年龄较大，电话指导不清，客户情绪更加激动，急需确认货款确实汇出。为急客户之所急，客户经理立马上门服务，现场为客户演示新版网银方法步骤，并细心地把所有改版的地方一一为客户讲解，最终赢得客户好评。

在这个案例中，面对客户的不满，这位客户经理做得非常好，他耐心地上门服务赢得了客户的好评。由此可见，客户有敌对情绪是很正常的事情，化解他们的敌对情绪显得尤其重要。一个优秀的销售主管一定要明白这个道理。

敌对型客户可以分为畏怯敌对型客户、怀疑敌对型客户和统御敌对型客户。由于这几种敌对型客户的消费心理和表现不同，因此，销售人员与之打交道的方式也应该有所不同。

1. 应对畏怯敌对型客户

畏怯敌对型客户出现得很少，这类客户大多比较沉默。在人际沟通方面常表现得不是十分活跃，面对销售人员的热情介绍，他们往往会表现出冷漠和无所谓的态度。

与畏怯敌对型客户打交道时，销售人员应切忌表现得过于热情，显出急于达成交易的样子，这样只能招致客户更多的敌对态度。最为恰当的方式是谨言慎行，以极大的耐心和细心引导客户，捕捉客户每一细微的心理变化，并抓住时机转变对方态度，从而达成自己的目标。

2. 应对怀疑敌对型客户

怀疑敌对型客户往往喜欢用怀疑的眼神看人，他们会对销售人员的热情介绍无动于衷。这类客户疑心很重，他们的说辞往往让销售人员难以回答。疑心重的客户总是疑神疑鬼，怀疑起人来毫无根据却又深信不疑，往往会抓住表面现象或偶然事件不放，搞得自己一天到晚心神不宁。不论什么时候，怀疑敌对型客户都生活在对别人的揣摩之中，他们不信任任何人，也不相信自己。一般来说，这种客户产生怀疑敌对情绪的原因可能是曾经上过当，也可能是对销售人员存有戒心，或者是对产品不放心。销售人员在面对怀疑敌对型客户时可以采取以下两种方法：

（1）提供产品证据。

由于怀疑敌对型客户必须亲自看到证据才肯相信销售人员所说的话，所以，销售人员可以提供手头能找到的一切证据向其说明自己所说的话是真实可信的。最好能将自己企业或产品的获奖证书、权力机构的认证证明、报纸杂志刊登的介绍性和表扬性文章等请客户过目，相信这些一定能让怀疑敌对型客户产生信任。

（2）坦诚实在。

毫无疑问，人人都喜欢坦诚的人。因此，销售人员只有给怀疑敌对型客户坦诚实在的印象，才能赢得他的信任。所以销售人员和这类客户交谈时要注意语气，切不可眉飞色舞，唾沫横飞，这样会让客户产生一种华而不实的印象，进而对产品产生怀疑。

3. 统御敌对型客户

此类型客户一般都有比较强烈的自尊心，生性独立，自信心很强，甚至达到了刚愎自用的地步，对别人的意见很少采纳。

销售人员面对此类客户时应该扮演一个忠实听众的角色，尽量避免与他们争执。当他滔滔不绝高谈阔论时，销售人员应以诚恳的目光与对方接触，以听为主，并注意以身体语言表示你正在心无旁骛地洗耳恭听，这样做至少能使客户心里感到满足，而客户在表现欲得到发挥后常以高姿态实施购买行为。

具有敌对心理的人一般很难与人相处，也难以主动与人示好。不管是畏惧敌对型客户、怀疑敌对型客户，还是统御敌对型客户，都有一个共同点，就是“敌对”。他们的敌对心理常常使销售人员很难接近他们，更不要说成功洽谈了。尽管如此，倘若销售人员能以友好的态度对待他们，并根据其性格特点区别对待三种不同的客户，相信无论是哪种客户，销售人员都能与之做朋友，毕竟人人都不喜欢拒绝一个友好的人。

★管理学习课★

销售员在与客户的交往中，客户产生不满或者表现出敌对的态度是很正常的事情。针对这一点，销售主管要教给他们一些妙招。比如，面对畏怯敌对型客户一定要谨言慎行，千万不要表现得太过热情，面对怀疑型客户一定要想办法取得其信任，面对统御敌对型客户一定要尽力做一个忠实的听众，最好不要与之争辩。

信息培训：管理好客户信息，订单随时都会有

这是一个信息时代，从某种程度上讲，信息是成功的关键。市场在不断变化，信息在不断更新。昨天畅销的产品，今天可能已经落后，只有掌握了足够的信息，才能及时了解市场，了解消费者的需求，才能更主动地调整自己的经营方向和产品结构，才能不落后和失败。

一个优秀的销售主管收集信息的方法多种多样，或通过报纸、杂志、电视、电台，或通过亲戚、朋友间的走动交流，或通过手机、互联网等现代通信工具来获得。而且他不但要善于收集信息，更要善于识别有用信息，并加以分析利用。

作为一名优秀的销售主管，要建立顾客档案，更多地了解顾客，这也是乔·吉拉德为大家总结的推销之道。

乔·吉拉德说："不论你推销的是何种东西，最有效的办法就是让顾客相信——真心相信——你喜欢他，关心他。"假如顾客对你抱有好感，你成交的希望就增加了。要使顾客相信你喜欢他、关心他，那你就必须了解顾客，收集顾客的各种有关资料。

乔·吉拉德中肯地指出："假如你想要把东西卖给某人，你就应该尽自己的力量去收集他与你生意有关的情报……不论你推销的是什么东西。假如你每天肯花一点时间来了解自己的顾客，做好准备，铺平道路，那

么，你就不愁没有自己的顾客。”

刚开始工作时，乔·吉拉德把收集到的顾客资料写在纸上，塞进抽屉里。后来，有几次因为缺乏整理而忘记追踪某一位准顾客，他开始意识到自己动手建立顾客档案的重要性。他去文具店买了日记本和一个小小的卡片档案夹，把原来写在纸片上的资料全部做成记录，建立起了自己的顾客档案。

乔·吉拉德认为，推销员应该像一台机器，具有录音机和计算机的功能，在和顾客交往过程中，将顾客所说的有用情况都记录下来，从中把握一些有用的材料。

乔·吉拉德还说：“在建立自己的卡片档案时，你要记下有关顾客和潜在顾客的所有资料，他们的孩子、嗜好、学历、职务、成就、旅行过的地方、年龄、文化背景及其他任何与他们有关的事情，这些都是有用的推销情报。”

所有这些资料都可以帮助你接近顾客，使你能够有效地跟顾客讨论问题，谈论他们自己感兴趣的话题。有了这些材料，你就会知道他们喜欢什么，不喜欢什么，你可以让他们高谈阔论、兴高采烈、手舞足蹈……只要你有办法使顾客心情舒畅，他们不会让你大失所望。

信息资源非常丰富多样，特别是在“信息爆炸”的现代，正确选择、利用信息无疑是做好销售工作的一项基本功。一个优秀的销售主管必须懂得捕捉信息的分析方法。

1. 归类整理

归类整理就是把自己收集到的各类信息，分一下类，然后按类型分辨真假。把那些明显虚假的信息剔除出来，把你认为是真实的或基本真实的信息留下来，然后再分优劣、好坏。将那些办起来只有好处没有坏处的项目作为首先应该办理的；对那些办起来既有利益又有风险的项目，进行一番分析对比，看是利益大还是风险大；对那些危险太大、收益又没有把握的项目，归为最差、无价值的一类。把类别分清了，真假、好坏、优劣信息自然也就出来了。

2. 分析对比

销售主管在了解到各种行情之后，往往会出现这种情况，就是大家都认为有好处、效益又高的经营项目，反而难办或难以办成。因为大家只看到了有利的条件，没有看到不利的条件，都在搞这个项目。从事这个项目的人一多，形式就可能发生变化，有利条件有可能变成不利因素，增加了困难。

其实，真正有潜力的是那些既有前途又有风险、既有效益又把握不准因素的项目。为了把项目做好，就得对信息和行情进行全面分析、综合对比。办法是把经营项目中关于好处、坏处、效益、风险的信息，都要一条一条地列出来，然后逐条对比，看好处占主要方面还是坏处占主要方面，最后再得出结论。

3. 投入试验

如果你认为某个项目不错，但在经过综合分析后，仍然没有确切把握，无法下决心大干，这时你可以先做个小型试验。先投资，进行小范围、小规模生产经营，依据结果再下决心。这样，既摸清了行情，又获得了经验，为大范围经营打下了基础。

4. 准确预测

俗话说："生意要有三只眼，看天看地看久远。"任何行情信息，都不是静止不动、一成不变的，而是经常随着客观情况变化而波动，只有站高一点，看远一点，预先有所准备和打算，才不至于放"马后炮"。现在，不少私营公司生产经营是看别人干什么就干什么，听说什么时髦就也去干什么。结果往往是在干前很抢手，但等到费钱、费时干成了，市场行情就开始变化了，原来时髦变成了过时，俏货也滞销。因此，做预测一定要注意以下几点。

（1）市场变化。某些商品现在忽然卖不动了，或是过去没人买，现在忽然很抢手了。这种市场变化，表面上难以解释，其实都有原因可查。不外乎是商品生产量多了或少了、质量变好还是变坏了，或是某些经营者实行了促销措施，做了广告宣传，在消费者中间产生积极影响的结果。预先了解到这种情况，就可以预见到市场行情的变化。

（2）政策变化。政府根据某种情况，对某种商品提出了调控政策，必然引起市场变化。比如政府将棉花、粮食等收购价格提高了，必然产生连锁反应，用棉花生产的棉布、针织品也会随着上涨，以粮食为原料的食品、饲料也将随着涨价。掌握了这些方面的变化，就可以对未来的变化做一个准确的判断。

★管理学习课★

这是一个信息至上的时代，谁掌握了信息谁就掌握了胜利的主动权。销售主管要对员工进行一些信息培训，教他们一些获取信息、运用信息的方法。当一个销售员准备了足够的信息，并对之加以灵活运用时，就不愁没有订单找上自己。

抗压培训：要让队员迅速成长，就让他们面对挑战

不知道大家听说过蓝柏格定理吗？蓝柏格定理是这样说的：主管应该懂得为员工制造必要的危机感。压力与动力是一对矛盾，并不是所有的压力都能转化成动力。压力变成动力，需要一个转化的条件，那就是压力的承受者有承受压力的能力。倘若没有这个条件，压力就只能做惯性运动了。所以，面对压力，我们要积极地改变自己，充实自己，这样才能正确引导各种压力，使其成为自己前进的动力。

蓝柏格定理是美国银行家路易斯·B. 蓝柏格提出的，他的含义是要“为员工制造必要的危机感”，意思是说没有压力就没有动力，压力只有在能承受它的人那里才会化为动力。常言道，“井无压力不出油，人无压力轻飘飘”。要干事总会有压力，有时，压力犹如泰山压顶，但会干事的人总能够将压力变成动力。对于一个成功者来说，压力越大，动力越大。

很多销售主管都把这个故事告诉给自己的下属：

有一天某个农夫的一头驴子，不小心掉进一口枯井里，农夫绞尽脑汁想办法救出驴子，但几个小时过去了，驴子还是在井里痛苦地哀嚎着。

最后，这位农夫决定放弃。于是他便请来左邻右舍帮忙一起将井中的驴子埋了，以免除它的痛苦。

农夫的邻居们人手一把铲子，开始将泥土铲进枯井中。当这头驴子

了解到自己的处境时，刚开始时哭得十分凄惨。但出人意料的是，一会儿之后这头驴子就慢慢地安静下来了。农夫好奇地探头往井底一看，出现在眼前的景象令他大吃一惊：

当铲进井里的泥土落在驴子的背部时，驴子的反应令人称奇——它将泥土抖落在一旁，然后站到铲进的泥土堆上面！

就这样，驴子将大家铲在它身上的泥土全数抖落在井底，然后再站上去。很快地，这只驴子便上升到了井口，然后在众人惊讶的表情中快步地跑开了！

在生命的旅程中，有时候我们难免会陷入“枯井”里，会有各式各样的“泥沙”倾倒在我们身上，而想要从这些“枯井”脱困的秘诀就是：将“泥沙”抖落掉，然后站到它们上面去！

对于企业来说，适度的压力可以使人集中注意力、提高忍受力、增强机体活力、减少错误的发生。压力可以说是机体对外界的一种调节的需要，而调节则往往意味着成长。一个优秀的销售主管要在压力下不断地学会应对的有效办法，使应对能力不断提高，工作效率也会随之提高。

1. 增强自信心，正确地认识自己

人经常会对自己的境遇不满，并感觉到压力很大。实际上之所以这样很大程度上是因为我们不能正确地认识和评价自己。年轻人都有高傲和自负的特点，个人期望值也很高。当现实达不到他们的预期时，便会觉得怀才不遇。然而，在经过长时间的不理想状态，“怀才不遇”的时候，又会走向另一个极端，垂头丧气，对自己失去信心。

其实，任何或好或不好的境遇，都不应当影响我们客观地评价自己，准确地定位能帮助我们认清现实，也更能使我们确立一个切实可行的奋斗目标，既不能好高骛远，又不宜妄自菲薄。其中，自信是很重要的，而且，越是在糟糕的环境中，我们就更应该增强自信，梳理改变现状的方法，奋发图强。

2. 锻炼自己的意志，增强抗压能力

脆弱的个性更容易被外界或内心的压力所打倒。以稳定的心态面对生活、工作中的各种状况，这并不是一件非常容易的事情。因此，学会控制好自己

的情绪，锻炼和增强自己的意志以及抗压能力的提升和培养显得尤为重要。

3. 合理安排工作和时间，分清轻重缓急

很多时候我们感觉工作永远也做不完、杂乱无章、千头万绪，正是因为我们没有对工作或时间进行合理的安排。条理清晰地做事情，容易让我们感觉到工作进行的顺利，意识到工作正在有效地开展，增加了内心的成就感，从而减少或消除压力感，提高工作效率。工作总有个轻重缓急，要做到全面把握，分清主次，再各个击破，这样做有利于避免或减轻紧急任务给我们带来的压力感。

4. 善于沟通，建立良好的人际关系

工作中，同事间的相处是十分重要的，和谐融洽的同事关系，是积极、快乐、轻松工作的重要前提。生活上的必要沟通，工作中的有效沟通，日常间的相互帮助和体谅，均有助于建立团结、友好的同事关系和融洽的工作氛围。

5. 建立积极正确的人生观、价值观，并勇于坚持自己

“在压力没有来临之前，就采取措施使压力远离自己，这不仅是处理压力的一种积极方法，也是一种积极的人生态度。”压力虽不等于挫折，但压力却很有可能给你带来挫折，面对压力与挫折，不气馁、不言败的人生态度，是每个销售员都应该具备的。销售员要建立积极正确的人生观、价值观，并勇于坚持自我。勇于坚持自我，并不等于刚愎自用，一意孤行。坚持自己的信念与理想，不放弃自己的原则，永远不会是一种错误。

★管理学习课★

压力，是我们前行的动力。一个聪明的销售主管应该给自己的下属施加一定的压力，让他们在压力中不断成长。与此同时，也要教给他们抗压的本领。面对压力，我们要对自己充满信心，要妥善安排自己的时间，树立好自己的目标。

第五章

健全激励手段，销售主管要会“煽风点火”

这里的激励，就是通过设计适当的外部奖金形式，以一定的行为规范和惩罚性措施，借助信息沟通，来激发、引导、保持和规范组织成员的行为，有效地实现组织及其成员个人目标的系统活动。

目标激励：用目标把团队成员紧紧绑在一起

一个团队的潜力有多大，谁也说不准，只能说个理想值，没有谁能完全发挥自己的潜力。能做的只有不断地接近这个理想值，在现有的条件中把能力发挥到最大。在这个过程中目标起着重要的指引作用。

日本有位学者曾精确描述个人能力的发挥与具有潜在能力之间的关系。他表示，当个人目标与组织目标方向一致时，其实际能力的发挥接近自己的最大潜力；反之，远离自己的最大潜力。同时，也表明目标与能力之间存在着正比例的关系。

将这种逻辑关系运用到销售团队中同样适用，主管作为负责团队管理的主要人员，必须具备设定目标并有效传达给每位队员的能力。只有你正确确立了团队目标，并恰当地将目标传达给员工，才能实现业绩的有效提升。

目标管理是团队管理不可分割的一部分，也是一种激励员工非常有效的方式。通过设立目标可以使每个员工明确自身的职责、明确奋斗的方向，将所有力量紧紧凝聚在一起。具体来讲，明确的目标对销售有以下作用：

目标使销售人员在工作中更有积极性；

目标使销售人员有能力把握现在；

目标激发销售人员发挥更大的潜能；

有助于评估推销工作的进展；

目标使销售人员看清自己的使命，工作起来不再盲目；

目标使推销工作未雨绸缪，出现问题能及时补救。

管理是一项通过他人完成工作的艺术，设定目标等于是销售主管将指令传达给了员工。但这仅仅是个开始，更多的工作是如何通过销售主管和员工的合作来实现这些目标。既然目标这么重要，那么，销售主管如何制定团队目标呢？

1. 设定团队总目标

总目标是一个终极设想，在实现之前所有工作都必须围绕这个总目标展开，一切都为总目标的实现而服务。也就是说，终极目标是总的方向，指引所有的工作。如果你没有总目标，或者总目标的方向没有把握好，或者说总目标本身就是错误的，那再努力也是徒劳。

设定绩效总目标通常要考虑以下四点：

（1）公司的远景、战略目标和年度计划；

（2）部门/工作团队的任务；

（3）员工以前的绩效评价；

（4）员工未来的职业发展规划。

2. 根据职位需求设定个人目标

销售团队目标是总目标，代表总方向，有总目标就应该有分目标，具体到每个人即为分目标。分目标要具体、细化、容易执行，比如，你想挣1000万元，不能只盲目地去想，“我怎么才能拥有1000万元？”而是要明确将在多长时间内实现这个目标，如果是一年内，那就需要细化到每月要赚多少，每周要赚多少，甚至每天要如何去做。只有这样，才能实实在在地去执行，才能如期实现最终的梦想。

在制定个人分目标时要结合每位队员的职位和职责，要编写一份详细的职位说明书。职位说明书是一切人力资源管理工作的基础，所有人力资源管理工作都以职位说明书为出发点和依据。因此，职位说明书是制定员工绩效目标的重要依据，同时也是公司目标分解的依据和落脚点。所以，拥有一份内容详尽、职责明确、标准确定的职位说明书对员工的工作显得极为重要。

在制定职位说明书与分解公司目标的基础上，销售主管还要结合工作的性质、员工以前的绩效评价以及员工未来的职业生涯规划，在综合衡量的基础上做出尽可能准确适宜的目标设定。

3. 制定衡量标准

无论是团队目标，还是个人目标，要转化为实践，都一定离不开衡量标准、实现方法以及分析实现目标所需的条件等。为了目标更具有操作性、实践性，需要遵守目标制定的原则：即 SMART 原则。

S——specific，指团队目标要明确、具体；

M——measurable，指团队目标要可度量；

A——attainable，指团队目标在付出努力的情况下要能够实现；

R——realistic，指团队目标应该是实实在在的，可以证明和观察到的；

T——time - bound，指团队目标必须规定实现的期限。

目标是销售主管和员工双向沟通和认可的产物，销售主管任何单方面的决定都会给员工留下为完成任务而完成任务的印象，不利于调动员工的积极性。所以设定目标时要给员工发言的机会，双方都认可再行确定。

★管理学习课★

销售主管想要队员充分融入到团队中，就必须让他们明确团队的目标、团队的使命，同时在团队目标和使命的指导下，明确自己在团队的职责是什么。只有这样才会体现自己在团队中的价值。

绩效激励：给予业务上的支持，帮助员工提高绩效

现代管理理论普遍认为，销售主管在团队中应该更多地扮演“辅助者”的角色，给员工以智力支持和精神鼓励。这样就彻底颠覆了传统上一味分派任务、监督工作的固有模式。从这个角度来看，销售主管应该转变角色职能，主动承担起辅助者的职责。

杜淳在某销售公司担任销售主管已经有3年之久，以负责任闻名整个公司，他所带领的团队也是企业中最优秀的。在他的带领下，团队建立一套独有的绩效考评方案，每个月都要针对个人绩效进行沟通，指出他们工作中存在的问题，并帮助其积极改进。本着有则改之、无则加勉的原则，极大地鼓舞了队员的士气。

年终考评，杜淳又开始就每个员工的业绩展开面谈。其中一位新员工深有感悟，他是团队中业绩最差的，为此，经常感到自卑，工作积极性也不高。

杜淳早已经注意到了这点，决定通过这次面谈彻底帮他解决问题。他首先对该员工的总体表现给予了肯定，比如，诚实、肯干，对客户热情等。同时也指出了他工作中的不足和需要改善的地方。

在这次交谈中，杜淳由于怕伤到该员工的自尊心，谈话中大多是在表扬、激励。只是在临近结束时才简单地提示一下，并拿出自己早已做好的业绩评估表。整个过程非常轻松愉快，该员工对主管的这番谈话十分感激，离开办公室时也信心满满，暗自下决心来年重新再来。

做好团队的“辅助者”，某种程度上对员工也是一种激励。最具代表性的就是，及时对员工的业绩进行评估和辅导，毕竟每个员工最在意的还是自己的业绩。当你在业绩上帮他们解决了问题、消除了困惑时，无疑是对员工最大的激励。

做好绩效评估和辅导，这也就是我们常说的绩效激励。绩效激励，即要求销售主管和员工就绩效问题进行双向沟通。销售主管要通过各种沟通手段，不断获得员工工作进展状况的信息，了解员工所遇到的困难。并将这些信息恰当地反馈给员工，以鼓励员工不断进步。

接下来，从这两个方面进行详细论述，意在告诉销售主管如何做好员工的绩效激励工作。

1. 绩效辅导

对员工进行业绩绩效辅导，帮助其清除工作中的障碍，提供支持和智力帮助，可使员工获得完成工作所需要的知识、经验和技能，获得提高绩效的能力。那么，销售主管该如何做好员工的绩效辅导工作呢？

（1）了解员工工作的进展情况；

（2）了解员工工作中遇到的困难；

（3）对员工进行培训；

（4）对员工的工作进行反馈；

（5）绩效目标辅导。

绩效目标是辅导员工的重点，销售主管所有的努力都是为了帮助员工实现其绩效目标。因此，绩效目标是销售主管着手工作的第一材料，销售主管的工作绝对不可以抛开目标不管，将之束之高阁，而是应将之置于随手可及的地方，经常拿来阅读和检查，以便于尽快知道员工工作的进展情况，帮助员工进行调整和改进。

值得注意的是，辅导不是越权干涉，更不是全盘代替，而是授之以渔，教会员工做好工作的方法和技巧，让员工按正确的方法并凭借自己的努力去实现。这样做一方面激励了员工的士气，另一方面锻炼了员工的自我管理能力，让员工学会驾驭自己的工作。

2. 业绩评估

业绩评估是检验工作成果的重要手段，也是员工最为关注的。因为这个环节关乎他们的晋升、涨薪、培训等。

业绩评估是把双刃剑，做得好对员工有很好的激励作用，做得不好将很可能致使员工士气低落。这时，就看销售主管怎么来引导员工，员工对绩效评估的认识在很大程度上影响着评估的效果。那么，绩效评估是怎么一项活动呢？

（1）首先是信息反馈，通过绩效评估，员工能得到一份与自己业绩有关的详细信息记录；没有反馈，评估就没有意义。

（2）绩效评估是对过去、现在、未来绩效水平的一个综合评估，是确定下一年绩效目标的基础；而不仅仅是着眼于当下。比如某个员工今年的业绩没有得到“A”（优），但这不是结束而是开始，关键是主管能否帮助员工纠正过去的错误，走上正确的道路。通过努力，明年员工就有可能得“A”。

（3）业绩评估关系着涨薪、晋升等人事决策，但它们毕竟不是绩效评价的全部内容，与之相比，员工绩效能力的提高，自我价值的实现更为重要。

（4）绩效评估之后，销售主管必须通过面谈的形式将评价结果告诉员工，让员工知道自己在哪些方面做得好、哪些方面做得不好。好的方面继续强化，差的方面进行调整，不断改进和提高。

★管理学习课★

值得注意的是，为了顾及员工的情绪，避免因为讨论涨薪等敏感问题而影响了正确的业绩评价分析，影响了绩效管理的本来意图，销售主管最好将业绩评价的分析和涨薪分开讨论，先讨论业绩评价的结果，再讨论涨薪的问题。

薪酬激励：对内具有公平性，对外具有竞争性

获得高薪酬，是员工从事任何工作的首要目标，对于大多数员工来讲，高薪资是职业生涯中最主要的追求之一。因此，作为销售主管必须清醒地意识到这点，利用提薪来给下属以最大激励。

人才是企业的第一资源，销售人员作为团队中最基础性的力量，频繁流动，何谈业绩？比如，辛辛苦苦培养起来的主管忽然辞职走人，上周新招的一批新人走了一大半，等等。

老周是我旧时的同事，两人曾经一起走过很多年，后来我离开公司独闯天涯，他则留下来升职、升职、再升职，短短的几年间已经成为北京大区经理，负责整个北京市场的销售。官升了，工资也涨了，本应是皆大欢喜的事，但他却笑不出来，萦绕心头一个难题始终无法散去：那就是员工的流失问题。20 人的团队最严重的时候只有 10 个人，50% 的流

失率实在令人咂舌。

为了留住员工，他也用了人们最常用的办法，提高工资待遇。为此他特意向总公司申请给下面的员工加薪，并做了一系列针对性的措施：提高计件工资、改变奖励制度、额外增加奖金。起初这么做还有效果，时间一长又恢复到了以前。这些方法是对的，但运用不正确。这样也是治标不治本。

人员流动性大，留不住人才，这是经理在销售团队管理上面临的又一大突出问题。员工流动太频繁不但造成了业务断档，往往还会带走大量客户，给团队、给公司带来巨大的隐形损失。

对于人员流动较大的公司，激励是对的，关键是如何去激励。我在与老周交流的过程中，提出这样一个建议：善于选择激励方式。

提到对员工的激励，能说出的方式很多，如金钱、尊重、赞美、荣誉、情感、沟通、参与、兴趣、竞争、愿景……但是如何使用，绝不是一件简单的事情。就拿发奖金这件事来说吧，发放奖金本就是一种激励措施，但不同的发放方法起到的作用是截然不同的。

一个团队要想留住员工，激发员工的最大潜力，就必须要让他们对薪资满意，尽可能地体现出付出与回报的平衡。从员工的角度来讲，他们只有觉得自己的付出得到合理回报，才会继续付出。正如中兴通讯总裁侯为贵所说：“企业财富是由员工创造的，企业利润要最大化地回报员工，要让员工共享企业发展成果，这样的企业才最具发展潜力。”

然而，薪资激励却不是一劳永逸的事情，薪酬总额相同，支付方式不同，会取得不同的效果。所以，如何实现薪酬效能最大化，是一门值得探讨的艺术。

在实行薪酬激励时应注意以下几点：

1. 分门别类，按需分配

给员工涨工资不能盲目地涨，什么样的员工应该得到什么样的薪酬，这是有标准的。因此，在涨之前，一定要明确哪些员工适合涨。表5－1是4类应该加薪的员工。

表 5－1　　4 类应该加薪的员工

员工类别	特征
能力突出型	能力出众，才华横溢，往往属于企业中高层管理人员或业务骨干
没我不行型	在某一方面具有他人无法比拟的优势，能够解决其他人无法解决的难题，是企业中的“快枪手”
埋头苦干型	爱岗敬业、勤劳、积极，勤能补拙、笨鸟先飞的精神在这类员工身上能得到最大的体现，大部分基层员工属于这类人
忠于企业型	爱岗敬业，对企业忠心耿耿，能与企业共患难。这类员工也许在能力上稍有欠缺，但是对企业的忠诚度却是无法比拟的

应该给谁涨工资，一般是以对团队的贡献大小和在团队中的地位为标准的，贡献越大、在团队中地位越重要，薪酬越高。

另外，一些埋头苦干型的、特别忠诚的员工也不可忽略，他们在能力上也许有所欠缺，但对于团队的发展却起着重要的支撑作用。

2. 固定工资＋浮动工资

薪酬一般分为两大类：一类是基于岗位技能的固定工资，即保障性薪酬，如工资、固定津贴、社会强制性福利、公司内部统一的福利项目等；另一类是自主福利性的浮动工资，即激励性薪酬，如奖金、物质奖励、股份、培训等。

大多数员工的工资都是由这两部分组成，固定工资常常被员工视为自己应得的待遇，通常很难起到激励作用。而浮动工资支付多少、支付方式都要有所不同，才能真正成为激励因素，才能更好地调动员工工作热情。可见，做好薪酬激励工作最关键的是把握好浮动工资。

浮动工资的发放应视员工的实际情况而定，对于工作热情不高、比较懒散的员工，可采用高弹性的薪酬模式，即加大浮动工资比例，缩小固定工资刚性成分；相反，如果是一个因品牌弱小导致招聘困难的新兴公司，可以采用高稳定的薪酬模式，增加薪酬中的固定成分，让员工有安全感。

对于销售人员来讲，还有一种特殊的付酬方式，即根据项目管理法则按项目发放。比如，对项目的若干关键阶段设置多个“付酬期”，按计划完成程度去付酬，不是按工作时间行赏。

传统上，大部分人认为奖励团队不如奖励个人，但为促使团队成员之间相互合作，防止成员之间工资差距过大，奖励团队这种方法还是有着独特的优势的。所以，销售主管有必要建立团队奖金，用以奖励那些业绩突出、服务好、声誉好的模范团队。

具体的奖励分三类：

（1）一类是以节约成本为基础的奖励，将员工节约的成本乘以一定的百分比，奖励给员工所在团队；

（2）另一类是以分享利润为基础的奖励，它也可以看成是一种分红的方式；

（3）还有一类是在工资总额中拿出一部分设定为奖励基金，根据团队目标的完成情况、企业文化的倡导方向设定考核和评选标准进行奖励。

值得注意的是，对模范团队的考核标准和奖励标准要先明确起来，同时确保团队成员能真正理解。

★管理学习课★

一个企业能够通过多种渠道为员工提供更大的发展平台、发展机会，使他们的才能得到充分发挥。越是人才机制完善的企业，越能获得创造更多财富的机会。由此，我们不难想象，员工的利益得到满足了，他们就有动力为公司创造更多利润。

信任激励：放手让队员去做，信任是很特殊的激励

人是一种很复杂的动物，要让他们在团队中心甘情愿地付出，需要管理人员使用更细微的方法。诸如：授予他们权力、给他们好评、听他们诉苦、提供必要的训练等，不仅可以让下属的需求获得充分满足，同时又能激发他

们的热情和干劲，提高工作效率。

高薪和福利纵然能吸引人才，但好的激励还是来自员工的内心感受。对员工的激励，最重要的是必须把他们内心的情绪充分调动起来。一个人能否获得成功，从自身的因素来讲，主要取决于意志和能力。如果一个人在更深的精神层面无法得到满足，所谓的潜力也很难真正被激发出来。

魏征敢言直谏，得益于唐太宗的一个“信”字。刘备“三顾茅庐”力请诸葛亮，显出一个“诚”字。这都体现了对人才的充分信任。因此，在员工管理上，销售主管必须转变理念，与时俱进，除了必要的物质奖励外，还要更加鼓励员工、信任员工，用管理者一颗宽广、大度的心容纳自己的员工。

比尔·盖茨是一个特别相信下属的人，因为他认为自己的员工都很聪明，应该信任员工，让员工自行决策，如果员工不守法，他会单独处理这个员工，而不是处理所有员工。

在微软，公司每出台一项决策总是很迅速，而且富有成效地得到执行，这是因为，公司规定所有的员工对自己的工作都有决定权，每当需要他们提出一项建议时，必须附加一份备用方案，并列举优缺点。以防如果原方案失败时，即可以立即采用备用方案，也不会被搞得措手不及。这样做目的是训练每一位员工的思考能力，决定能力。

体现比尔·盖茨相信下属做法的就是对待研究人员。微软公司大部分都是研究人员。公司对这部分员工从不规定具体工作的完成期限，正如盖茨所说，真正的研究是无法限定期限的。一些未知的东西，何必要限制员工呢？如果我花了两年时间还没有研究出结果，是不是就要将员工开除掉？不是，我会认为这个项目可能不是一个非常好的项目。干脆放弃它。

管理者信任员工，就相当于帮助员工做出了“我能够胜任，我可以做好”的承诺，并从上级的角度认可、接受了员工的这种承诺，因而更容易激发员工自动自发、不懈地去努力，以兑现这种基于上司信任的承诺，做到不负重托与期望。

俗话说，“用人不疑，疑人不用”，信任激励是一种基本激励方式。上下级之间的相互理解和信任是一种强大的精神力量，它缩短员工与管理者之间的距离，有助于团队人与人之间的和谐共振，可使员工充分发挥主观能动性，有助于团队精神和凝聚力的形成。

那么，销售主管如何才能做到信任员工呢？信任员工主要体现在敢于授权上。

有些管理者事无巨细，必亲力亲为，表面上是个很称职的领导，实则是一种对下属不信任的表现。因为不信任，所以不敢授权。大小事项，无论该管还是不该管，皆由自己亲自处理，结果不仅自己大为伤神，还极大地挫伤了下属的积极性。

美国杜邦公司的第三代继承人尤金·杜邦，是个经典的喜欢事必躬亲、大包大揽的人。他在掌管杜邦公司之后，坚持实行一种“凯撒式”的经营管理模式，“一根针穿到底”，绝对控制管理权力。公司的所有主要决策和许多细微决策都要由他独自制定，所有支票都得由他亲自开具，所有契约也都得由他签订，他亲自拆信复函，一个人决定利润分配。

尤金的绝对式管理，使尤金最终体力严重透支。1920 年，因心力交瘁，尤金离世，同时也令杜邦公司组织结构完全失去弹性，很难适应市场变化，濒临倒闭边缘。

既然老板无所不能，什么事都要插一手，那员工还乐得个清闲呢！如此一来，忙者越忙，闲者更闲，在公司高层之内首先就形成了一个“人不能尽其事”的怪圈。一个企业，连高层的能力也不能充分激发、有效利用起来，岂不是对人力资源的莫大浪费？

“管得越少，成效越好”，这是杰克·韦尔奇的一句名言，也是一种能力，一种境界。那么，销售主管就应该有意识地加强“信任”这种能力。只有建立在包容和授权基础上的信任，才是真正的信任，否则信任就是一张无用的空头支票，是无法购买到员工发自内心的工作热情的。

有些管理者经常抱怨：“不是我不信任他，只是……”言外之意，都是员工不称心、不争气。但反过来想一想，自己对员工的要求是否有些苛求？因为越是有能力的人，往往越是有一些与普通人不太一致的个性，就像孙悟空，一方面本领高强，能降妖捉怪，另一方面也难脱一些“猴气”，上蹿下跳，并无半点斯文；争强好斗，时不时惹出点祸事来。

★管理学习课★

管理者的责任不是发现员工的缺点，而是发现优点，并帮助他们扬其长避其短。所以信任至少做到允许员工在尝试的过程中犯错。

竞争激励：在良性竞争范围里，营造你追我赶的局面

现在任何行业都进入了一个产能过剩的时代，买方市场逐渐向卖方市场转变，而企业与员工之间的雇用关系也发生同样的变化，劳动力越来越多，可企业又在大幅裁员，难免出现粥少僧多的尴尬。这种变化使员工的忠诚度和稳定性大大减弱，企业在人才的选择上也越来越被动。

鉴于此，销售主管必须从营造持久的竞争出发，引入竞争激励机制，使团队活动具有某种集体强化的自觉机制，使每个队员从内心深处产生内动力。

李承雅是某国有企业第一市场部的销售主管，她所带领的团队在全公司十多个团队中是最好的，她也因良好的行事作风令人尊敬。

企业人浮于事，效率低下，干部能上不能下、员工能进不能出，成本居高不下，市场占有率日益萎缩。一年前企业改制，下定决心改变现行的人事管理制度，在参考了众多知名企业的做法之后，末位淘汰制被当作一件法宝引入了企业的人事制度中。

但实施效果并不理想，唯独李承雅的团队坚持了下来，并且做得效果斐然，一枝独秀。通过末位淘汰制这样一种强势管理，给予员工一定的压力，激发他们的积极性，使整个单位处于一种积极上进的状态，克服人浮于事的弊端。该制度规定，每年年底对所有员工进行360度评价，各部门得分最后10%的员工将被淘汰。

第一年实行末位淘汰制，李承雅感觉效果很明显：团队业绩飙升，在市场上的表现也有很大起色。一大批平日里表现不好的员工，工作积

极性有了很大的提高。

竞争激励是行为激励法的一种，像上面的例子中就是这样，没有人和他们对比，激不起他们内心的自尊和斗志。有了潜在的对手，就能不顾一切地胜过对方。人都是这样，你不跟他争抢，他一点取胜的心志、欲望都没有，一旦有人参与进来，要跟他抢、跟他斗，就瞬间来了斗志。可见，要想做成事情的办法就是激起竞争，这不是钩心斗角的竞争，而是胜过对方的欲望。

竞争激励，最核心的东西是将优胜劣汰原则引进团队。因此，建立竞争激励最有效的一个方法就是建立末位淘汰制。所谓末位淘汰，即企业根据发展总体规划和具体目标，设立一定的考核标准。结合员工的绩效，对员工进行考核，并据此排出名次，按照考核成绩淘汰一定比例的人。

比例一般为2∶7∶1，即优秀的员工占总人数的20%，中等员工为70%，差等的占10%。这10%的人基本上被淘汰，当然还需要结合实际情况灵活运用。

末位淘汰制有明显的积极作用，一定程度上激励了员工力争优秀，营造一种积极向上的工作氛围，避免人浮于事。

这种制度在企业管理、团队建设中被广泛采用，是一种非常有效的手段。不过它是一种强势管理，旨在给员工一定的压力，激发他们的积极性，通过有力的竞争使整个单位处于一种积极上进的状态，进而提高团队工作的效率和经济效益。

不过这种制度也有其固有的缺陷，无论从法律角度还是从个人角度都有其局限性。

1. 从法律的角度讲，末位淘汰制有违法的可能性

企业和员工共同签订的劳动合同是法律行为，在双方自愿的基础上，一旦订立就对当事人双方产生约束力。在合同期限未满前，任何一方解除合同，都必须要有法定的理由，否则就视为违法。而在末位淘汰制中，企业与员工解除合同的理由仅仅是员工的工作表现，法律依据是不足的，因此企业应该承担相应的法律责任。

2. 从人格角度来看，末位淘汰制有损人格尊严

这种制度的实施必然淘汰一部分人。人和人是存在差别的，人的先天因素是不一样的，有的天生聪明一些、有的愚笨一些、有的情商高、有的情商低……而作为一项制度既然存在就必须严格执行，个人不可对抗制度。而这些先天的差别会反映在以后的工作成效中。

具体到每一项工作的成效出现后，有这个人对工作的敬业与否、方法科学与否的因素，但是前面提到的先天和后天因素也是不可忽视的。

所以，为了更有利于末位淘汰制的实施，作为管理者必须正视这种差别，不能一蹴而就，急于求成，相反要包容这种差别，给予员工机会。要注意培育良好的绩效文化，让刚性的末位淘汰变得充满“柔性”。

★管理学习课★

在具体的实施中，需要结合企业的实际情况而行，可先选择一个部门或几个部门进行实验，在效果比较好的情况下再在全公司进行推广。

情感激励：你对队员有多少付出，队员对你就有多少回报

著名管理学家托马斯·彼得斯曾说：“一边歧视和贬低你的员工，一边又期待他们永远忠诚于你，这无异于白日做梦！”在我们的销售团队中，很多主管正是犯了这样的错误，他们从来不去，或者很少关心自己的员工，却要求员工时时事事听命自己、顺从自己。

主管与团队的关系处理不好，团队肯定不会有好业绩，这也是大多数团队业绩不佳的主要原因。

上下级关系是非常微妙的，往往因为权力、地位上的巨大差异会发生一些误解，如果再不注意主动调节的话，团队将会陷入矛盾重重的窘境。

索尼公司是世界上著名企业，其之所以能有今天的巨大成就，与其“家庭式”的管理方法是分不开的。在索尼公司，每一个员工都被视为大家庭的一分子，每个员工都能够发表自己独特的观点，但是，又强调员工之间要像在一个家庭中生活一样互相配合、协调。公司的每一位员工由于受到了充分的尊重，才华得到充分的发挥，都同等地回报了公司——积极工作并对公司忠诚，于是索尼公司获得了巨大的、可持续的事业成功。

成功的团队并非以压抑个性为代价，相反，成功的团队十分尊重成员的个性，重视成员的不同想法，真正使每一个成员参与到团队工作中，风险共担，利益共享，相互配合，完成团队工作目标。

作为团队主管，必须清楚团队内部氛围的重要性，这就需要平时做大量的沟通工作，而且要综合多种形式。正式沟通，或非正式沟通，以最大限度满足员工感情的需要。

加强上下级之间情感最主要的方式就是保持良好的沟通。只有沟通才能显示出对下属的关心和尊重，而经常的、有效的沟通最能体现这一点。同时，沟通是一种尊重，也是增强凝聚力、提高企业效益的润滑剂。

在人与人的交往过程中，情感信任产生于一方对另一方行为动机的归因。在频繁的沟通和互动过程中，双方都可以获得大量的有关于对方行为的信息，这样有助于自己做出恰当的判断，因此，双方的互动频率与情感信任有显著的正相关关系。

综上所述，团队主管，以及其他管理者都要重视沟通，采用正确的方式与下属进行沟通。上下级之间保持沟通的方式主要有以下几种，见表 5 –2。

表 5 –2　　　　上下级之间常见的沟通形式

沟通形式	主要内容
工作会议	工作会议是指企业的上下级之间定期或不定期地举行各种会议，比如晨会、晚会、例会等。通常是每天一次或者是每周一次。在基层管理中，会议周期越短，沟通效果越好，对管理的作用也就越明显

续 表

沟通形式	主要内容
工作报告	下级人员以书面形式将工作中遇到的问题、新的见解等交给上级部门审阅的一种工作报告。上级通过审阅，把自己的评价、建议或意见批注在报告上。和工作会议一样，工作报告也分定期和不定期两种。但报告具有跨时空沟通的特点，这是最常用的一种沟通方式
业务联络	这种沟通方式广泛应用于部门与部门之间的业务往来，在一个部门内，不同职位、不同工种之间的同事也可以使用这种形式。由于业务资料需要收发双方的有关领导签字以示效力，所以它更准确、更可靠，能很好地起到一种指示、沟通、提醒的作用
向上级提意见或建议	单向的沟通方式，仅限于下级向上级传递信息，目的是使上级更充分地了解和把握基层工作的现况、存在的问题等。并对这些信息做出迅速反应。要收集这类信息，企业需设立意见箱或信访箱
面对面交谈	主要用于上下级之间单独的沟通。针对某一事情，上级与下级有必要进行单独讨论或商量而采取必要行为，这是一种最直接、最简单的沟通形式
公告、公示、通知等	这是一种单向的沟通方式，用于上级向下级以及企业中的全体成员传达命令、指示。这种方式涉及的范围最广，是企业惯用的一种沟通形式。但是缺乏互动性，只是单向传递信息。和以上几种形式相比，在信息接收的可靠性方面会存在一定的漏洞

多形式的沟通方式，更有利于消除团队之间的分歧、统一行动、维护团队利益，进而提高企业的整体运行效率。除了面对面交谈这种方式之外，其他几种都是单向的沟通方式，比如，工作报告、通知、意见等。这样的沟通方式缺少互动性。为了避免出现这种结果，最好结合面谈进行。

以上是团队管理中最常用的几种沟通方式，虽然各有利弊，但对在联络上下级感情、消除上下级误会上起着重要作用。

★管理学习课★

团队主管需要多综合，多分析，将最适合团队发展的方式制度化，并让下属和相关人员熟悉，并有效去执行，为团队营造一种良好的、公平的气氛。

危机激励：今天工作不努力，明天努力找工作

杨澜在最辉煌的时候，毅然离开央视，选择出国留学深造，这让很多人不能理解。后来，她在一次采访中对记者说出了离开的原因：“当时我在中央电视台是一名当红的主持人，大型的活动都由我去主持。可是一件小事，却让我感觉到我身处的环境极其不安全。”

原来，仅仅是因为发生了这样一件小事：一年春晚，台里决定由6名主持人主持，彩排之后，一位资历非常深的主持人突然被导演组告知不用了，没有任何理由，甚至连正式通知都没有，大姐非常伤心，黯然离开。这时，杨澜突然感觉到命运不能掌握在自己手中，心想，将来自己会不会遭受同样的事情，于是，萌生了离开的念头，去美国深造学习，就读于美国哥伦比亚大学国际及公共事务学院。

回来后的杨澜事业蒸蒸日上，1997年7月，加盟凤凰卫视中文台。1998年先后推出访谈节目《杨澜工作室》《百年叱咤风云录》非常受观众欢迎；2000年，组建阳光文化网络电视有限公司，杨澜任主席，自此跨入商界。

杨澜为什么在事业如日中天的时候选择离开，是因为她认清了眼前一个残酷现实，认识到自己还不够强大，内心的危机感促使她必须进一步壮大自己。也正因为有了危机感，她才在日后变得更加强大。

个人如此，做企业、带团队也是如此，在竞争激烈的商场，经济形势千变万化，企业生存环境越来越恶劣，这些问题大大增加了企业前进道路上的不稳定性、危险性。身居其中的每一个员工命运也充满了变数，一个人的价值会随着形势的改变“贬值”，今天你在团队可能价值很高，但如果故步自

封，缺乏危机意识，不为自己充电，一年后、两年后，甚至一两个月后就会被更强大的人取代。

杨澜选择离开是因为感到恐惧，来自内心的不安全感。古人云，“安而不忘危，存而不忘亡，治而不忘乱”。尽管这是治国安邦之策，对于团队管理同样适用。面对职场危机，每个人必须时刻有危机感，要想让自己站稳脚跟首先要充实自己，去寻找成长、去读书，而不能沉迷在鲜花和掌声中。只有这样，才能使自己具有更强的竞争力。

工作危机感是好事。当员工战胜他们面临的挑战时，他们就会更加自信，为团队做出更大的贡献。那么，作为团队主管如何来增加下属的危机感，强化他们的危机意识呢？

1. 不时地提醒员工

任正非经常警告员工：“华为的冬天很快就要来临。”惠普公司董事长兼首席执行官普拉特也说出同样的话：“过去的辉煌只属于过去而非将来。”企业管理者、高层对危机的感受是深刻的，但一般员工则不同，尤其是那些收入稳定、高枕无忧的员工，极容易滋生享乐的思想，工作热情衰退。因此，主管有必要经常向下属灌输危机观念，树立危机意识，重燃员工的工作激情。

这样耳提面命的激励，可以使他们尽其所能，不至于怠慢企业和工作。同时，也有助于员工们理解和支持企业管理者所采取的一些无奈之举。

2. 创造富有危机感的环境

要打破员工的无所谓态度、团队中的无所谓文化，或调动那些唯恐失去工作的人们的积极性，就得在风险与稳定之间建立适当的平衡点。如果员工觉察不到危机感，就必须创造一种环境，让他们产生不稳定感，不能让他们麻木不仁。

团队一方面要使员工有压力有危机感，要让员工感到如果今天工作不努力、明天就要努力找工作的压力，使员工不断努力，产生主动学习的欲望，变要我学为我要学，要我做为我要做；另一方面员工把团队的前途与自己的前途相结合，树立团队精神，与团队休戚与共。

当然员工危机意识的培养强化还有其他一些具体途径，企业可以自行选择。

3. 看业绩，论结果

除了从思想上强化下属的危机意识外，还要从行动上进一步巩固：即重视最终的业绩。尽管以业绩论英雄有些片面化，但至少可以反映出一个员工为企业、为团队创造利润的能力。

与此同时，还可以营造一种绩效至上的团队文化，为什么有些企业的员工业绩无论多么差都能高枕无忧？原因就是企业长期弥漫着一种无所谓“应得权利”文化。员工无所事事，注重行动而不是结果，我付出了就应该有所获得，如果得不到所期望的，反而认为是团队“欠”他们的。

但真的付出了吗？从经济利益的角度来看，这些所谓的付出都是无用功，对团队发展毫无促进作用。因此，一个销售团队必须树立起结果至上、业绩至上的理念，让每个员工明确不创造利润就无法得到丰厚的报酬。

无论哪种方法、途径，目的只有一个，即通过员工危机意识，员工只有切身感受企业发展与自己的关联性，增强自己的使命感，使员工的危机意识成为自觉行为，提高员工正确认识自己、辨识危机并独立处理危机等诸能力。

★管理学习课★

强化员工的危机意识是必要的，可事物的两面性又提醒我们在培养员工危机意识时特别要注意：不能过度依赖和夸大危机意识的作用。当强调危机意识超过了一定的度，事态就会向相反的方向发展。

惩罚激励：惩罚不是目的，负面激励不可少

我们熟悉的激励，绝大部分是以正面为主，但也需要必要的负面激励。所谓的负面激励，就是对无法达到预期目标，或者违背团队意愿的员工进行

必要的惩罚。

正面、负面激励都是团队激励的一种手段，形式虽不一样，但目的却是相同的。而且负面激励不仅仅作用于当事人，对周围的其他人也可间接地影响。

惩罚，就是负面激励中最主要、最常见的一种方式，对个人、团队的整体作战力的提高都有一定的促进作用。

某公司自成立以来发展蒸蒸日上，后因受国际经济危机的影响效益下滑。影响最严重的就是销售部门，利润出现大幅下降。

由于经济的不景气，团队里也弥漫着一股消极的气氛。这越发加重了销售主管彦彬的思想负担。马上要过年了，照往年，年终奖金最少发三个月的工资，甚至再加倍。而如今算来算去，连一个月工资额的奖金恐怕也很难发出。

尽管彦彬几次有扣奖金的想法，但的确没有合适的理由。业绩差不能怪员工，而是经济大环境不好，毕竟大家的干劲丝毫不比往年差，付出不比往年少。他们如果听说年终奖金也扣发了，岂不更加寒心？

更严重的是许多员工恐怕飞机票、新家具都定好了，只等拿奖金就出去度假或付账单呢！

对于当前的情况，销售主管忧心忡忡地对总经理讲述了一遍。“这要是让多年来已被惯坏了的员工知道，士气真不知要怎样滑落！”总经理也愁眉苦脸地说：“这就好像给孩子糖吃，每次都抓一把，现在突然改成两颗，小孩一定会吵。”

突然，经理有了主意……

没过两天，公司突然传来消息——“由于营业不佳，年底要裁员，上层正在确定具体实施方案。”

顿时所有的员工人心惶惶了：每个人都在猜，会不会是自己。但是不久之后，一切都没发生。员工们等来的是总经理发表的另一番言论：“公司虽然艰苦，但大家毕竟是在同一条船上，再怎么困难我也不愿意牺牲共患难的同事，只是年终奖金不可能发了。”

员工们都理解总经理的做法，人人都做了过个穷年的打算，取消了奢华的交往和昂贵的旅游计划。

撤销奖金，还能受到员工的拥护，实属不易。这个案例说明负面激励也有作用。为什么会取得如此成功？这就是负面激励的正面效果，当然也是管理者管理智慧的体现。先放出风去，说因业绩不佳要裁员，以便在员工心中引起更大的恐慌，业绩不好是事实，裁员也在情理之中。然后再出来澄清，公司不能干过河拆桥的事情，业绩不好事出有因。公司决定不裁员，但奖金是没了。比起裁员、卷铺盖走人来说，扣除奖金已经是格外开恩。听说“不裁员理论”，每个人心头的一块大石头总算落了地，谁还奢望奖金的事情，没有年终奖金的失落早就被不裁员的兴奋压下去了。

关心和激励下属并不一定要对下属有求必应，也不代表要不断提高下属待遇。如果全是正面激励，反而会宠坏了员工。毕竟人的需求是无止境的，每个人的需求多种多样，满足了一个需求又会产生另一个需求。

因此，作为团队主管你只能在公司条件允许的情况下，尽量满足下属那些与组织目标一致的需求，但对不合理的或难于满足的需求，就要采取一定的策略，让下属自愿主动放弃。当用常规的方法很难奏效的时候，就要讲究技巧性。

1. 罚之有理

对下属进行惩罚必须要符合事实依据，即一切从实际出发，尊重客观事实。要让员工知道为什么受罚，使他们心服口服。

比如，就像例子中这些惩罚，无论是裁员还是不发奖金，前提是今年的业绩确实很差。因此，尽管大多数员工心里有怨气，但又无话可说。

2. 罚之有度

根据员工违规的轻重程度适度惩罚，不要让他感到惩罚是随心所欲的，是不公正的。如果惩罚太重，则会引起对抗情绪；如果惩罚太轻，则不足以留下深刻印象，教育意义不大。

3. 适量惩罚

惩罚毕竟不是正面教育，运用时需要适量，次数如果太多则会产生“免疫力”，受了罚之后，依然我行我素，教育效果不大。同时，过多的负面强化会使下属心理上长期处于紧张状态，觉得自己这也不行、那也不行，从而产生严重的焦虑感和自卑感。甚至有的人会破罐子破摔，抱着一种“反正我就这样了，看你能把我怎么样”的态度。

4. 适时惩罚

惩罚需要选择合适的时机，时机掌握不好，惩罚作用就很难体现出来，甚至适得其反。

那么如何选择时机呢？标准不一，因人而异，但也有总的原则；即不要有“隔夜仇”，当员工犯错时要及时给予惩罚，在一到两天内，甚至当场进行批评教育，做出处罚决定。不要等几天后，对方已经认为本没什么事情，你又来进行惩罚。同时也不要翻旧账，惩罚只针对当前的事情，以前的事情就不要涉及，否则只会加重下属的怨恨心理。

★管理学习课★

惩罚，能发挥激励作用，能积极推动矫正不良的习惯，是一种由“马后炮式”激励向未雨绸缪式激励的转变。

第六章 强化绩效考核，从“赶着跑”到“主动跑”

提高绩效是销售团队最核心的工作，没有绩效一切工作无从谈起。因此，作为销售主管就必须要注重团队的绩效考核和对每个员工的考核。要建立完善的考评系统，并认真执行，同时加大考核的人力、物力和财力的投入。

绩效考核不是戴“紧箍咒”，而是服“兴奋剂”

没有绩效考核，员工干与不干一个样、干好干坏一个样，这样就很容易打击员工的工作积极性。因此，能否公平有效地进行员工绩效考核，使员工有危机感和紧迫感，从而激发他们的积极性和创造性，是每个优秀的销售主管应该做到的。

很多人都把绩效考核当成是“紧箍咒”，其实很多时候它能够促人奋进，让人看到差距从而奋起直追。

一个聪明的销售主管经常给他的下属讲这样的故事：

有一头驴，给一个老农拉犁耕地，老农发现最近这头驴不怎么卖力，可能岁数大了。这个农民有点文化，上过一些管理技能方面的培训课，听说用激励手段可能会使老驴卖力起来。

于是，他把驴叫过来，对它说：“我给你制定一个激励考核办法，如果你做得好就会得到奖赏。”驴听了很高兴，说：“那您说说这个办法吧。”“我以前早晨给你两个玉米棒，从明天开始，早晨改成给你三个玉米棒，如果你干得好，每天都会适当增加。”老农解释道。

驴听了很高兴，早晨多了一个玉米棒——太好了。于是，第二天干得特别好。可是到了晚上，他发现只有四个玉米棒，比原来的五个少了一个，于是它非常不开心。就找老农说：“不对啊，以前早晨给两个玉米棒，晚上是给五个玉米棒，现在晚上怎么少了呢？”

老农说：“你不用担心，明天早晨我会再多给你一个玉米棒子，让你吃得饱饱的。”

驴一听觉得不错，这是我头一天比较辛苦，老板很关心我，所以早晨才多了一个玉米棒子。于是，第三天驴又干得特别努力。结果到晚上它悲伤地发现只有三个玉米棒！它气极了，于是老农又把第四天早晨的玉米棒子调整为五个，但到了晚上却只有两个！就这样，老农变着花样折腾，但一天下来玉米棒子总量却没有变，仍然是七个。最后这头驴活儿干了不少，但被折腾得筋疲力尽。

在临死前它交给儿子小毛驴一份遗嘱，上面用血写道：“我没什么财产留给你，但我要告诉你一个惨痛的教训，就是和谁打交道都不能跟人这种动物打交道，这些黑心的老板不会多给一个玉米棒子，但却变了花样欺骗我们这些打工的驴多干活，但到头来得到仍只有原来那么多。”没等小毛驴问点什么，老驴就断气了。

简单地处理了老驴的后事，小毛驴挣脱缰绳跑了，它不想再重演父亲的悲剧。但由于长期圈养，没有人给它吃的，小毛驴每天连七个玉米棒都吃不上。于是，没过多久，它不得不到另外一家农户碰碰运气。

刚到这家，农民也把小毛驴叫到跟前，说：“我给你制定考核办法，干好了能多给你玉米棒子吃。”小毛驴心想，这下子完了，父亲的悲剧又要继续重演了！

农民看了看小毛驴的表情，说：“不用担心，我的考核办法很简单，现在我每天给你七个玉米棒子，你必须完成十车的拉车任务，假如你每天多拉一车，我会多给你一个玉米棒子。”小毛驴听了农夫这个方案，觉得不错，至少不是父亲说的无论干得怎样都只有七个玉米棒子。于是，第二天小毛驴非常卖力，真的多拉了一车，老板兑现了诺言，多给了小毛驴一个玉米棒子。

小毛驴十分高兴，第三天，小毛驴多拉了两车，如愿地多得了两个玉米棒子……就这样，小毛驴越来越努力，得到的玉米棒子越来越多，老板种地的规模越来越大。没几年，小毛驴累死了，临死的时候，它也给儿子留了一份遗嘱：“这个老板真不错，我死以后，希望你跟着他好好干……”

如何考核员工并调动员工的工作积极性，一直是销售主管最为关心的话题。靠不断变换方案的花样来欺骗员工，无论贡献有多大，给员工的永远只是最基本的劳动补偿，员工只能被蒙蔽一时，他们也不可能有积极性，对公司的忠诚度与归宿感更是无从谈起。一个聪明的销售主管建立的是一种把蛋糕做大后的利润分享机制，员工再苦再累，可他们能够分享到自己的劳动成果，这才是合理的、科学的绩效考核制度。

一个优秀的销售主管要懂得为公司建立一个合理的考评机制，这有助于企业非常清晰地看到员工的优劣，业绩好的进行奖励，业绩差的给予处罚甚至将其辞退。

当然，考评系统的建立、健全和执行需要投入大量的人力、物力和财力。在建立健全阶段，首先要明确考核目标，根据不同的业务单元、职级等设置量化的、可操作性强的财务指标和非财务指标；其次要确定考评体系，根据企业具体情况、时间和财力限制选用 360 度反馈考评体系或其他考评体系。根据总的考核目标，对不同职级的人员设计不同的绩效考核表。此外还应确定考评的领导机构和协助部门之间的职责划分。

在考评的执行阶段，首先应该明确该次考核的领导机构和协助部门的参与人员；培训所有参与考核的人员，组织填写考评表；统计考评记录；最后反馈考评结果，并进行相应的奖惩。此外，根据该次考评情况适度修订下年度考评计划，使考评制度趋于完善。

★管理学习课★

绩效考核不是束缚人的“紧箍咒”，很多时候它是促人奋进的“兴奋剂”。一个销售主管一定要懂得这个道理。当你真正地明白并运用好这一点时，你便会发现你的下属正为即将到手的“奖励”而竭尽全力地工作，他们自动自发，没有一丝懈怠，因为他们知道多劳多得、不劳不得。

考核是措施，绩效是体现

每个优秀的销售主管都应该明白：考核只是措施，业绩才是结果。很多时候，考核能否取得预期的成果也直接关系到销售主管的工作好坏。

刘娟是个慢热型的人，进入公司工作已经9个月，业绩一直不理想。但刘娟没有放弃，一如既往地拜访关键客户，时常到门店巡察市场和指导导购员的工作；当同事都下班时，她要么加班整理汇总和分析数据，要么打电话与客户或导购员沟通……借着晚上加班的时机，也和销售主管增加了交流，就工作上的各种问题及时向销售主管讨教取经，销售主管对她的工作能力有了更深的了解，她也获得了上司的信任，销售主管重新替她设定的工作计划使她的业绩提升了不少，弥补了之前业绩上的不足。

在年底绩效考评单上，刘娟的上司将她归类为工作意愿强、工作能力有待提升的“小兵张嘎”型员工，并将她列入下个年度重点培训的对象。

刘娟的业绩得到了改善，这是她努力的结果。试想一下，倘若没有考核，她也就无法知道自己的工作状况，更不可能向销售主管请教，从而使自己的工作取得突飞猛进的发展。由此可见，没有考核就很难发现不足，没有考核就很难有好成绩。

在此，一个优秀的销售主管应该将考核进行到底，在考核中找到问题与不足，然后想方设法去解决问题，从而提升整个团队的业绩。

好的业绩是人人都企盼的，相信每个优秀的销售主管都如此。那么，一个优秀的销售主管到底应该怎样做好考核工作？

1. 明确目标

销售主管一定要告诉员工明确的目标，他们的工作应该是销量第一？服务第一？还是利润优先？或者是三者兼顾。倘若员工没有明确的工作目标，通常会比较迷惑、彷徨，没有方向感，当然工作效率就会受到影响，同时，由于员工没有得到明确的目标指引，员工的努力方向同公司所希望达到的结果肯定有所不同。

2. 建立绩效标准

清晰的绩效标准可以让高绩效的员工有成就感，知道自己已经达到或者超出了公司的要求，这种成就激励的效果对层次较高的管理人员或者专业人士非常明显。清晰的绩效标准可以使没达到标准的员工有一个努力的目标，知道自己同其他人的差距，从而激发工作干劲儿，努力完成工作指标。

3. 及时监控绩效考评

考评周期可以是一个月、一个季度或者一年。但是，监控应该是随时随地进行的。监控不及时，当然不能获得全面、客观的第一手资料。很容易导致考评之前争表现的现象发生，使“聪明人”钻空子，导致考评不公平。

4. 及时反馈考评结果

在绩效考评刚刚出结果的阶段，正是员工对绩效问题最关心、思考最多的时候。这个时候反馈效率高、效果好，并且利于对一些出现的问题进行及时改进。倘若过了这个时期，考评者和被考评者都已经把考评的事放在一边了，效率一定降低。同时，员工会对公司的考评产生不良印象，会认为公司也不重视考评。由于其他工作已经展开，考评反馈也会占用工作时间，对其他工作难免会带来不良影响。

5. 帮助下属找到改进绩效的方法

当发现员工的绩效不好时，仅仅告诉这个员工“你的绩效不够理想”是不够的，重要的是你还应该指出绩效不好的原因是什么，改进的方法有哪些。

业绩不好的员工一般自己也会非常着急，但苦于找不到原因，也不知道如何改进。问自己的同事担心别人认为自己无知、没面子。请教销售主管又害怕由于业绩不好挨批评。

这时候，销售主管应该主动找到这个员工，同他分析业绩不佳的原因，并且帮助他们找到改善的方法，同时，倘若有可能的话，最好提供相应改善的机会和一定的资源支持。销售主管能够成功，重要的一点是他能指导员工，能够想到、看到、做到员工做不到的。倘若销售主管本人不能超越员工，员工怎么服他呢？这种情况下，员工多半会不努力，业绩自然不会好。

6. 给出改进的最后期限

对于长时间工作绩效不佳的员工或者来公司不久表现不佳的新员工，通常人们较多采用的方法是将其辞退。果断地辞退低绩效员工没有错，不过，在辞退之前再给他/她一次机会。比如，明确告诉这个员工，公司再给他一个月的时间，他的绩效必须达到公司的要求，否则，请他另谋高就。

这样做除了可以避免重新招聘本身带来的成本和风险，还有另外两个好处，一个是销售主管对辞退的员工做到了仁至义尽，他离开企业后也不会因为解雇的原因导致诋毁公司等情况发生。另外，对留在企业的其他员工也是一个信号：公司对待员工是仁至义尽的，但是工作不努力可能会失去工作。

★管理学习课★

在公司中，考核仅仅只是衡量员工业绩好坏的手段，而绝不是最终目的。绩效才是每个公司都努力追求的。作为销售主管一定要做好员工考核工作，面对员工的不足，销售主管要及时指出并使其改正，面对员工的优势和业绩一定要给予充分肯定，这样才能够使员工更加努力地工作，从而提高自己团队的整体业绩。

没有绩效考核，就没有执行力

绩效管理是营销执行力提高的重要影响因素之一，营销对于企业生存发展是极为重要的。某世界著名的管理专家通过大量的跟踪调研发现，超过70%的经营失败案例是由于企业对战略规划和目标执行不力、执行不到位或执行缺失造成的。

执行力是决定企业成败的一个重要因素，是21世纪构成企业竞争力的重要一环。在市场的激烈竞争中，一个企业的执行力到底怎样将决定企业的兴衰。很多事实证明，能够最终胜出的企业无不具有很强的执行力。

东方红药业集团通过锻造执行力，把制度保证系统化，把解决问题机制化，把考核激励常态化，在塑造和培养企业执行力方面可谓独树一帜。

东方红药业集团用考核监督，使执行落到实处。科学的监督、考核和激励机制是提升执行力的保证。在东方红药业集团，管理体系执行的真正活力的来源是绩效考核。东方红药业建有一套严密而科学的绩效考核机制，这套考核机制的运转保证了企业执行力真正落到实处，并使执行力的执行效果得到很大提升。

东方红药业集团的绩效考核体系紧紧围绕企业的整体目标和规划，绩效考核则根据全年工作方针目标，设计出一套关键绩效指标，这种方法融合了目标管理和关键目标界定两种方式的优点，既有明确的目标导向，可以保证“做正确的事”，又抓住了关键目标，可以最大限度地保证目标的实现。集团各部门在每年的年初拿出部门本年度的工作方针目标，审核通过后，交集团考核部门。执行中，集团考核部对各部门的月度工作任务进行细化考核、监督，并给出考核报告，考核结果与部门工资奖金挂钩。年底，对照全年工作目标，部门中层干部进行述职，考核部进行全面打分、测评，奖优罚劣，提高了企业的执行力。

东方红药业集团在营销上的绩效考核更是一切凭业绩说话。集团每年都要和销售的3个局、9个大公司签订销售军令状，并与经济利益挂钩，每月雷打不动地召开一次营销大会，集中通报各公司销售业绩。制度的刚性，使销售额不断上升。这种激励与约束并存，机会与风险同在的机制，让每一个员工都有了压力，也有了动力，有了危机感，也有成就感。

由此可见，没有绩效考核就没有执行力，有了绩效考核员工才有了获取业绩的巨大动力。

当然，绩效考核要确保公正有效，这样才不会失去它存在的意义。所以，一个优秀的销售主管在绩效考核时应该注意以下几个问题。

首先，需要建立合理的利益分配机制，同时注意保护和调动销售人员的工作积极性。

在任何一个企业，薪酬制度、绩效考评制度以及晋升制度是人力资源管理的三大法宝，它们与每位员工的收益息息相关，一套科学系统的培训计划也是企业提供的福利之一。倘若你能让员工感到在这个企业工作能获得终身就业能力，能得到全面的能力展示和提升，能得到与付出相对应的合理收益。那么，一点眼前的利益还值得他去追求吗？所谓高薪养廉就是这个道理，在现代企业中，“薪” = 现金收入 + 各种福利 + 培训计划 + 晋升机会 + 社会地位等。企业正是依靠这些制度，合理地输血、换血，才得以留住人、留能人，保持永续的活力与动力。这里尤其要提销售人员的底薪与提成的分配。底薪与提成的设置不能一成不变，而是应该随着市场开发的进程而有所调整。比如，在入市初期，建议“高底薪 + 低提成”，缓解业务员的经济压力，一心投入市场拓展工作；产品进入成长—成熟期，可考虑“低底薪 + 高提成”，激发业务员挑战高峰的信心。

其次，奖罚分明，把握尺度，严肃处理销售人员的违规事件。

建立《奖惩制度》是销售主管的管理手段之一，它制定的目的在于“奖励积极努力、业绩突出的A类，培训指导迷茫、摇摆的B类，坚决处理屡教不改的C类”。当一切防治手段都使用后，仍然出现销售人员的谋私违规事件，这时，企业销售主管就该以事实为依据，以《奖惩制度》为准绳，把握尺度，严肃处理发生的违规事件。

再次，在建立合理的激励机制时需要避免出现以下两种情况：（1）考核A，奖励B。即对A进行严格考核，但把奖励给了实际没被真正考核到的B，这就是没能区别投机取巧的人所导致的。通常投机取巧的人善于做表面工作，而踏实做事的人反而不擅长这些，结果一考核，踏实的人反而不合格，而投机取巧的人却合格了，奖励就这样被窃取。（2）只奖励成功者，不奖励失败者。这样的激励机制将会导致“只重视结果，不重视精神和思想”，对企业文化是一种挫伤，容易让成功者骄傲，而让失败者更加气馁。

从次，经济和物质上的激励并非全部的激励方式，有多种激励途径可供选择。以下几类激励是常用的激励方式。

（1）听觉激励：中国人喜欢把爱埋在心里，没有说出来，这其实就是爱的缺陷。倘若你想赞美下属，就一定要说出来。

（2）视觉激励：把优秀员工的照片和事迹在公司内部杂志和光荣榜上贴出来，让大家都看到，以此激励这些获奖者及其他的员工。精神价值其实就是无形资产，有什么理由对创造了无形资产的人不进行奖励呢？

（3）引入竞争：讲团队精神不是不讲竞争，但竞争又不同于斗争，这样既达到了激励双方的目的，又不会伤了和气。用爱惜的心态批评下属，指出其错误并帮助他改正，这也是一种激励，并且是一种更令人刻骨铭心的激励。

（4）合理的授权：这是最高的激励方式之一，能帮助下属实现自身价值。但在授权时应把授权内容书面鉴定清楚，授权后要进行周期性检查，防止越权。

最后，建立起绩效管理体系以后，严格执行绩效考核，并在绩效考核过程中掌握一些基本原则，设计出结合企业实际情况的绩效考核指标，并掌握绩效考核的全过程。

★管理学习课★

在企业的运行过程中，执行力是非常重要的，倘若没有了它一切工作都将只是空谈。然而，执行力的提高有赖于考核制度的完善。可以这样说，没有考核就没有执行力。作为销售主管一定要认真考核，及时检查公司的政策、指标有没有落到实处。

用数据说话，绩效设计要量化

绩效在企业中是最被看中的，一个销售主管要带出一个高效团队就要懂得将绩效设计量化。只有有了考核标准，业绩才能得到一步步的提高。但是，很多时候对绩效进行量化不是个非常容易理解的问题。

我们来比较一下农民与工人生产模式的不同：一个农民是如何生产出粮食的呢？通常他一个人就承担了从耕地、播种、施肥、管护直到收割的全部过程。而一个工人要生产出一个产品来，他必须与其他工人一起配合协作才能完成。这就好比一辆汽车的制造，它是几十甚至上百工人协作生产的结果，而个人的工作只是这一系列工作中的一个环节罢了。

农民看似“全才”，他可以一人掌握农业生产的每个环节，但是一个农民最多只可以种十亩、几十亩地，其创造的财富或价值，按钱来计算，不过几千元到几万元之间。而一个工厂的工人团队看似每个人只能生产一个部件，而聚合起来，却可以生产出几千辆汽车，其创造的价值是农民的几千甚至上万倍。

很多企业在发展之初都是从几个人的努力打拼开始逐渐壮大的，但是随着企业的发展，管理者开始力不从心，发展的速度越快，越感觉步步掣肘，处处风险，也越来越需要思考成功的概率、复制性和推广性。这就好比一个农民完成了十亩地的收获后，开始考虑如何能种上百亩、上千亩，如何能让每亩地都高产，如何能让农作物价值提升一样，我们企业发展的过程也往往都是从一个农民的运作方式向着工人的生产模式过渡。

那么，我们再来看看工人的生产模式是什么样的？众所周知，汽车生产线中的各个环节都有生产操作标准与要求，只有在每个环节、每个部件都符合标准的情况下，产品才能符合生产要求，而这些标准往往只是一些参数。如果我们将企业的发展与管理也比作一辆汽车的生产，而企业中各个部门、各个岗位犹如生产线上的不同工位，那么就比较容易理解“量化管理”的含义了。

其实，在制定考核标准的时候，我们通常都会遇到这样一个难题，就是指标的量化问题。因为我们知道，只有量化的指标，才是便于考核的指标，才是具备操作性的指标。但我们在实际工作中也会发现，要想对员工的工作进行量化并不容易，比如职能部门的指标就是很难量化的。人力资源部作为绩效管理的主要部门，其工作本身就很难用数字说明白。

但我们也应该知道，量化并不是唯一的标准，而且越是不容易量化的指标，往往越是重要的指标。比如，电话在响三声之前就要接听，这是容易量化的、便于考核的，只要考核者注意观察就可以得到准确的考核数据。接听电话的质量如何，这个指标就不很容易量化，考核数据无法准确获得，但这个指标比电话响三声之前就要接听重要得多。

那么，对于无法量化的工作，销售主管应该如何做呢？

1. 细化

对于不能量化的工作，可以按“质量、时间和成本”这三个纬度进行细化。如“2 月 15 日之前，采购和安装全厂的消防设施，要求通过消防部门认证，费用预算为 8 万元人民币。”对于这个工作，我们可以按照质量、时间、成本三个纬度进行设计，考核的标准可以设置为：当月没有通过认证为 0 分（质量）。每推迟一天扣 2 分，每提前 1 天加 1 分（时间）。预算每超 2000 元扣 1 分，每节省 1000 加 1 分（成本）。

2. 流程化

对于既不容易量化，内容又比较单一的工作，可以进行流程化设计。如

“培训专员”的工作，工作内容比较单一，就是负责培训，倘若以此设定绩效指标，容易造成考核指标过于单薄，无法全面反映他们的工作。这时，我们可以将培训工作按照工作的流程分解成几个部分，“培训需求调查→制订培训计划→组织实施→评估培训效果”，然后针对每个工作流程制定相应的标准，进行管理和考核。

3. 行为化转化

把对员工的考核变成对其行为的考核。我们常常说教师的“师德”是无法直接考核的，但是我们可以看老师在教学中的行为。对员工也是如此，我们可以看员工在工作中的行为。

例如，团队精神，也是无法直接考核的，我们可以通过考核员工与员工之间的不合作次数来考核这个指标。比如，员工可以对流程衔接岗位上的员工的不合作行为进行投诉，在一个绩效周期内，以投诉次数考核这个指标。执行力这个指标也是一样，我们可以考核员工有几次不能执行上级领导的工作指令，或者有几次不能按照上级指令的标准如期完成工作任务。

★管理学习课★

考核是每个公司必须做的事情。当然，销售主管在考核员工时要根据一定的标准，千万不要想当然地给员工以评价。在职场上，一切得凭事实来说话，所以绩效考核一定要量化，要用“量”来度量员工的业绩情况。

明确责任，谁的工作由谁负责到底

一个优秀的销售主管必须知道这样一个道理：明确责任，谁的工作由谁负责到底。要有责任心，要懂得为自己的过失负责，千万不要因害怕惩罚而寻找各种各样的借口。只有这样，你才会统筹安排，拿出最佳的方案，真正把劲儿用在刀刃上，效率与质量并重，把工作做得趋于完美、无可挑剔。

巴顿将军说过：“自以为是而忘了自己责任的人，一文不值，遇到这种军官，我会马上调换他的职务。一个人一旦自以为是，不负责任，就会远离前线作战，这是一种典型的胆小鬼的表现。唯有负责任的人，才会为自己从事的事业心甘情愿地献身！”

吉姆有一次因失误错发给一名请病假的员工全薪。当发现自己的错误后，他立即通知那名员工，并解释说必须纠正这项错误，要在下个月发工资时减去这次多付的工资。那名员工说，如果这样做，他下个月的生活就难以维持了，因此请求分期扣除多领的薪水。但这样做必须经过老板的批准。吉姆知道，这样做会使老板大为不满，但这都是自己的错误造成的，自己必须在老板面前承认。

吉姆走进老板的办公室，如实向老板做了汇报。老板大发脾气，说这应该是人事部的错误，但吉姆解释是他的错误。老板又责怪吉姆办公室中的同事，但吉姆坚持是他的错。最后，老板惊喜地看着吉姆说：“我刚才故意考验你，好，既然是你的错误，就按你的方案解决吧。”问题就这样解决了。吉姆没有回避，而是勇敢地承担了一切，从此老板更加器重他了。

还有一个发生在美国克莱斯勒汽车公司的故事。

一位项目经理把辞职信交给CEO（首席执行官）艾柯卡，表示要对自己领导的项目失败而造成的100万美元的损失负责。

但艾柯卡拒绝了他的辞职。他知道这位项目经理还会在汽车行业继续工作，于是说：“我不希望这100万美元的学费替别的汽车公司交上，把教训记下来，这是我们的财富。”这位项目经理被调到别的岗位上，继续委以重任。

其实，一个人在工作中犯错是十分正常的事情。工作一时出现差错并不可怕，可怕的是不敢承认错误，找借口推卸责任。一个人惧怕承担责任，就不会有勇气提高自己的工作能力，就不会积极寻找解决问题的方法，从而改正错误并更好地完成任务。殊不知，承认错误并改正错误，也是负责的表现。只要你勇于承认错误，积极改正错误，将公司的损失降到最低，让工作继续下去，即使上司责骂你几句，他也会原谅你。因为金无足赤，人无完人，就连上司也很难保证不犯错误。

一个优秀的销售主管应该分清是非黑白，一定要做到公正无私，面对承认过失的下属要给予他一个机会，只有这样才能够赢得人心。与此同时，一个优秀的销售主管自己也要有高度的责任心，也要勇敢地为自己的工作负责。

★管理学习课★

人要拥有高度的责任心，懂得为自己的过失负责任。作为一名销售主管应该负起自己的责任，是自己的责任就得自己来承担，并且还要明确责任，千万不能颠倒是非，使自己的得力干将蒙受冤屈。

考核不是挑毛病，重视辅导沟通才能提高工作效率

绩效沟通是销售主管进行绩效管理的核心。目标设定好了，绩效沟通有成效，完成绩效目标是水到渠成的事情。

事实上，一个绩效管理的过程，就是一个绩效沟通的过程。对销售主管来说，与员工进行持续地交流，如讨论大家的期望，分享任务的价值和目标信息，有助于销售主管及时了解员工的工作状况，并针对员工出现的问题进行相应的辅导。对员工来讲，绩效沟通能及时使自己得到工作的反馈信息和主管的帮助，不断改进不足。绩效沟通使销售主管与员工能够真诚合作，形成良好的绩效伙伴关系，销售主管的工作会更轻松，员工绩效也会大幅度提升，于是绩效管理就成了很简单的事情。同时，绩效沟通也是一个发现人才、辨别人才的过程。销售主管可以根据员工已经表现出来的优点和缺点，有针

对性地制定员工培训和职业生涯发展规划。

小梅是A公司的老员工，大学毕业即加入A公司。刚入职，小梅就干了销售这个工作，她每天从早忙到晚，兢兢业业，一干就是5年。鉴于每年小梅都能出色地完成公司交给的任务，销售主管的职务落到了小梅的头上。小梅有点得意。岂料这个新鲜劲儿还没过去，小梅就开始紧张起来，原来A公司年初制订了新的销售计划，销售额较上年度提高了近100%，同时还改变了绩效考核办法，由原来的按季度考核改为按月考核，并且实行了负激励。尽管员工反对声音挺大，但新办法还是开始实施了。一个月过后，公司业绩距离目标甚远，员工的绩效奖金也较去年大幅减少。小梅认为是公司制订的计划不切实际，考核目标太高无法完成，而公司则认为是员工们的干劲儿不足。在数次沟通无效后，小梅愤然离职，并带走了部分同事和部分客户资源。

绩效考核的目的在于通过对员工的考核提高他们的绩效水平，进而提升整个企业的竞争力。因此，绩效沟通不仅需要谈事（工作），而且还要谈人（发展）；不仅要谈过去（总结），而且要谈将来（计划）。同时，绩效沟通是一个全程介入、全程监控的工作，是一个培训和资源支持的过程，是一个达成共识、相互支持的过程，更是一个反馈和激励的过程。

目前很多企业虽然实施了绩效考核，但没有考核沟通环节。有效的沟通是完善绩效管理的关键所在。小梅的公司就是缺乏考核沟通，双方各持己见，结果当然是两败俱伤，公司流失关键员工，小梅和同事忙着找工作，形成双输的局面。

很多人认为考核是绩效管理的关键，事实上，绩效沟通才是真正的关键环节。一个绩效管理的过程，就是一个绩效沟通的过程。对员工来说，绩效沟通能使他们及时得到对自己工作的反馈信息和领导的帮助，不断改进不足；对公司来说，绩效沟通到位了，业绩管理上就会事半功倍，反之则要费时费力，事倍功半。

由此可见，一次成功的沟通“既能解决问题，又不损害人际关系”。一个优秀的销售主管要非常认真地与员工进行沟通并给予有针对性的辅导，这样对提升团队工作业绩是非常有用的。当然，这需要做到以下几点。

1. 准备要做足：选择合适的时机，采取合适的方式

当下属在征求你的意见或希望你解决某个问题时，此时你就可以开展沟通辅导。倘若该下属是一位新员工，工作流程不太熟悉或技能不够，你可以采取指示性的沟通方式，提供具体的步骤，照此执行即可。

2. 信息要全面

信息要全面指沟通前和沟通中是否提供了必要的信息，是否回答了所有的问题。我们往往以为把信息全部提供给了对方，但实际上未必如此，比如在沟通失败后我们经常会说“我以为他已经知道了”“这些有必要再强调吗？我想他们应该了解吧？”

3. 对事不对人

要求沟通辅导时，仅就问题本身进行探讨，不对员工品行、个性等进行评价（能力可以探讨）或轻易下结论，要维护他人的自尊。

4. 以事实为依据

沟通时以描述事实为主要内容，避免猜测、推断，或者道听途说。特别是指出对方的缺点或不足时，更应该以事实为依据。通常我建议沟通要描述事实行为，表达其后果，征询下属的意见，着眼未来的积极意义。

5. 积极倾听

沟通时要保持一定的耐心，不要在问题尚未弄清楚之前过早下定论，要充分听取对方的解释，不随时打断、不与其争辩，同时可以给予一定肯定或鼓励。

★管理学习课★

员工从考核中，往往能够发现自己的不足之处，从而对之进行改正，这样就能够提高工作效率。在考核时，聪明的销售主管懂得运用正确的方式、方法来与员工交流，当沟通做好了，问题也就迎刃而解了。

销售主管必须掌握的五大绩效考核方法

一个优秀的销售主管一定要掌握以下五大绩效考核方法。

1. 事实记录法

事实记录法包括关键事件法、能力、绩效、态度记录法、指导记录法、沟通记录法，主要用于观察、记录考核的事实依据。这种考核法有理有据，针对性强，便于反馈。但是，基层工作量较大，比较耗时和费力，记录中较难控制主观意愿。

2. 相对考核法

相对考核法包括强制分布法、人物标杆法、排序比较法、配对比较法，这类方法主要用于销售主管对人员绩效情况的整体调整与把握。这种考核法的成本低，易操作，多数情况下可保持评价尺度的一致性。

但缺点是：较难发现问题存在的领域，不适合用来对员工提出建议反馈与辅导；有时易发生光环效应和武断评价；员工有异议时，评价者很难为自己的结论提出有力证据；在为奖金分配提供依据方面的作用有限。

3. 量表测评法

量表测评法包括问卷测评法、行为锚定评价法、行为观察量表法和素质测评法等。这种考核法的优点在于计量标准比较精确，各评价要素间有较强的相对独立性，能有效地指导和监控员工行为，并能用具体的行为条件给出反馈等。

最主要的缺点在于如果量表的信度和有效度不够高，将直接影响考核效果，而标准化量表的设计和开发需要耗费较多的精力和财力。这并不是每个企业都能承担的。

4. 目标管理法

目标管理又叫成果管理，其目的在于结合员工个人目标和组织目标，改进绩效考核，形成有效的激励。

这种考核法的优点：（1）有利于工作行为与组织整体目标一致；（2）为控制提供明确的标准；（3）有利于沟通；（4）减少工作中的冲突和紊乱；（5）提供更好的目标评价准则；（6）使工作任务和人员安排一致。其缺点是易发生短期行为，且有时不易被使用者所接纳。

5. 反馈评价法

由被评价者上级、同事、下属和客户等对被评价对象了解、熟悉的人，不记名对被评价者进行评价，被评价者也进行自我评价，然后由专业人员向被评价者提供反馈，以帮助被评价者提高能力、水平和业绩的一种考核评价法。

这种考核法的优点是能全方位、多视角对员工进行评价，因为采用了更多的信息渠道，从而增强了信息的可靠性。但是，它有很多缺点：这种方法对组织环境有较严格的要求；当评价主要目的是确定个人发展需要时，评价结果可信度高；如果目的是服务于激励性人事政策时，评价者往往会考虑个人利益得失，所作评价相对来说难以做到客观公正；而被评价者也会怀疑评价的准确性和公正性。

员工绩效考核方法多种多样，其应用和选择策略难以一一列举。但不可否认，各种方法都有它的长处与局限性，仅用其中的一种或几种都不利于绩效考核工作的开展和绩效管理实效性的真正提高，必须优势互补，组合运用，以扬长避短，发挥整体优势。

★管理学习课★

考核不是千篇一律的，它有自己的灵活性，不同的公司采取的是不同的考核方法。作为一名销售主管要充分了解各种考核方法的优缺点，扬长避短，从而达到提高成员业绩的目的。

善用绩效工具，科学考核提升队伍主动性

绩效考核是现代常用的人力资源管理方法之一，很多大企业在发展到一定的阶段后开始引进绩效管理，却总有很多人对绩效管理的有效性持有争议。其实，是因为使用的方法和考核尺度出现了问题。

很多企业使用绩效考核出现问题主要原因是企业引进绩效考核的目的存在误区。例如：采取错误的考核方式，没有提前将工作进行细分，亦没有进行定岗定责；绩效考核方式采取负向激励，使员工对绩效怨声载道；缺乏战略高度的人力资源管理，使绩效考核无法与公司实际情况挂钩。

某大型药企，是国家重点扶持单位，为提高运营效率，国家在资金、政策上都有倾斜；企业高层也十分重视内部管理，充分利用各种资源来提升管理水平，比如，引进先进管理理念和经验等。

经过多年努力，管理的规范化、制度化程度有了明显提高。但政策终归政策、制度终归制度，尽管上面口号喊得很响亮，下面的执行依然存在很多问题。我作为咨询顾问深入企业内部，通过大量访谈发现，该企业有以下几个比较突出的问题。集中反映在：

职权不清晰，越权指挥现象严重；

工作重点不突出，很多事务性工作占用了高管大量时间；

企业流程管理不顺畅，工作责任界定不明确，部门之间、岗位之间工作互相推诿；

计划性不强，高管必须处理许多临时性工作，严重影响工作效率。

我们在对问题进行深入分析后发现，工作推诿并不是员工的态度问题，而是很多工作分工不明确，部门职能重复所致，结果造成了大量重复工作，流程混乱。

职责不清就无法制定合理的工作目标和考核指标，造成工作重点不明确，直接影响到公司的整体绩效。解决这个问题最有效的方法是，建立一套基于平衡计分卡的关键业绩指标体系。

对此，项目组同董事会进行了长达一个月的讨论，先让各部门提出指标，然后通过会议讨论确认。项目组先下发让各部门提取关键业绩指标通知，并就指标的提取方法、原则和要求做了详细说明。与此同时，项目组内部也进行了细致周密的准备。为了能更好地指导各部门提取指标，从价值链的角度和部门职能的角度认真分析了客户每一个管理环节，通过集体讨论提取了一套完整的关键业绩指标。

经过近一个月的准备后，企业召开经营与计划会议，集中讨论所有关键业绩指标的改进计划。

该企业正是利用 KPI（关键绩效指标）对绩效进行改进，实现了绩效管理与企业管理的高度统一。这充分说明，在绩效改进时合理地运用 KPI 考核指标是必不可少的。

KPI 是基于平衡计分卡原理的一种企业战略管理和战略实施的工具，它能够将企业所希望达到的战略目标转换成企业日常经营管理的目标，使企业的短期经营计划和企业的战略目标上保持最大限度的统一，提高企业的长期竞争力。

一个企业绩效管理的好坏直接决定了该企业在市场中的存亡。因此，一个优秀的销售主管要懂得运用绩效管理工具，这样才能够使得自己的工作如鱼得水。在企业的绩效管理体系设计中，常用的绩效体系设计工具有以下几种。

1. 关键绩效指标（KPI）

关键绩效指标（KPI）被称为第二代目标管理，它是用来衡量某岗位任职者工作绩效表现的具体量化指标，是对目标完成效果最直接的衡量依据。关键绩效指标的制定是在公司高层领导对企业战略达成共识之后，通过价值树或者任务树或者鱼骨分析来分解成关键成功因素（KSC），再分解为关键业绩指标，然后按部门和岗位向下分解，是自上而下的。制定 KPI 的主要目的是明确引导销售主管将精力集中在能对绩效产生最大驱动力的经营行为上，及时了解判断企业营运过程中产生的问题，并采取措施进行改进。

确定关键绩效指标，要遵循 SMART 原则，即具体化、可度量、可实现、现实性以及时限性。

在遵循 SMART 原则进行 KPI 指标设计应用过程中，由于对 SMART 原则的理解偏差可能导致指标过分细化、关键指标遗漏以及考核目标偏离和考核周期过短等问题。同时，KPI 虽然能够比较好地突出公司发展的要点，并且实施成果导向的考核，但是在部门之间的平衡作用上效果不是非常明显，忽视了部门间的关系与权重。而且，KPI 的要素基本是相互独立的，没有体现彼此的联系，在时间的维度上也没有超前与滞后之分。它的分解与落实都是以既定目标为核心的，因而不能突出部门或个人的特色及职能。

2. 目标管理（MBO）

MBO 被管理学界喻为像哥白尼日心说一样具有划时代意义的管理工具，与学习型组织和企业流程再造（BPR）并称为 20 世纪最伟大的三大管理思想。目标管理（MBO）是由管理学大师彼得·德鲁克在 1954 年首先提出来的，并率先在通用电气公司（GE）实行，取得了巨大的成功。MBO 的特点在于以人为本，强调员工参与管理，能有效调动员工的积极性。它基于员工所完成工作来评价员工的工作表现。

我国很多企业在运用 MBO 时都陷入了一个误区：把目标管理用成了计划管理。一般都是企业管理者制定年度目标，然后将工作任务强行分摊给各部门，部门再分摊到每个员工。在这个过程中，始终没有员工的参与。因而，目标难以得到认同，执行起来自然大打折扣。

虽然 MBO 对于管理学界具有划时代的意义，在实际操作中，目标管理也存在许多明显的缺点，主要有以下表现。

（1）目标难以制定。随着经济的发展，企业内外环境变化越来越快，导致企业面临的外部可变因素越来越多。企业的内部活动日益复杂，企业活动的不确定性也越来越大。这使得企业原来的许多目标难以定量化、具体化；很多团队工作在技术上联系非常紧密，这些因素使企业的许多活动在制定数量化目标时非常困难。

（2）目标管理的理论前提不一定在所有组织中都存在。在现实中，许多企业对员工行为都存在监督不力的现象，而同时很多员工是具有“投机”心理的。因此，许多情况下，目标管理所要求的承诺、自觉、自治气氛难以形成。

（3）目标之间的权重难以确定。由于市场环境的复杂性和多变性，企业往往难以确定目标之间的权重。因此，常常出现顾此失彼的现象。

（4）目标管理的协调成本比较高。目标管理要求上下级之间充分沟通，达成共识，而这个过程却很浪费时间。另外，每个部门、个人都关注自身目标的完成，很可能忽略了相互协作和组织目标的实现，滋长本位主义、临时观点和急功近利倾向。

（5）目标管理对管理者的素质要求比较高。在许多企业中，很多管理者难以充分提取下属的意见，专断独行、自大的现象非常普遍。

3. 平衡计分卡（BSC）

平衡计分卡（BSC）是由哈佛商学院的教授在总结多家绩效测评处于领先地位的公司经验的基础上，发明并推广的一种战略绩效管理工具。它与 KPI 最大的不同在于：BSC 是以总体战略为核心，分层次、分部门不同设置的，更具有战略管理意义。

平衡计分卡包括以下六种要素：维度、战略目标、绩效指标、目标值、行动方案和具体任务，并且把对企业业绩的评价划分为四个部分：财务角度、客户、经营过程、学习与成长。它反映了财务与非财务衡量方法之间的平衡、长期目标与短期目标之间的平衡、外部和内部的平衡、结果和过程的平衡、管理业绩和经营业绩的平衡等多个方面。所以能反映组织综合经营状况，使业绩评价趋于平衡和完善，利于组织长期发展。

但是，BSC 在中国的实施也遇到了一定的困难，有局限性。

（1）BSC 的实施难度大。要求企业有明确的组织战略，高层管理者具备分解和沟通战略的能力和意愿，中高层管理者具有指标创新的能力和意愿。

（2）BSC 的工作量非常大。除了对战略的深刻理解外，需要消耗大量精力和时间把它分解到部门，并找出恰当的指标。

（3）BSC 不适用于个人。相比较于成本和收益，没有必要把平衡计分卡分解到个人层面。对于个人而言，要求绩效考核易于理解、易于操作、易于管理，而 BSC 并不具备这些特点。

平衡计分卡作为企业的一种战略和绩效管理模式，它是欧美最先进企业的管理经验的高度概括和总结，但它却不能解决我国企业在现代企业绩效管理中遇到的所有问题。

4. 360 度考核

为了使员工的绩效考核更加公平、公正、公开，有些企业把绩效考核主体由单纯的上级考核扩展为所谓的“360 度考核”的形式。在这种形式下，一个员工的工作行为信息是来自他（她）周围的所有的人，包括员工本人、他（她）的上级、下属和同事及内、外部客户，那么绩核考核主体也是由这些人组成。

大多数 360 度考评系统都是由几个栏目组成，由相关考核主体如同事、上级、下属及客户等填写考核某人的调查问卷表，然后用计算机系统对所有的反馈信息进行系统汇总加以分析，得出考评结果。

实施 360 度考核，因其收集的信息量很大，倘若企业人数较多，就需要有一个较好的考评系统来支撑这种方式的运作。因此，采用这种方法投入的时间较多，费用也较高。同时，在选择考核主体时，应注意选择真正与被考核人相关的人员，并注重对他们的培训，避免出现一些感情打分或是报复打分的现象。

5. EVA 价值管理

EVA 经济增加值是业绩度量指标，与大多数其他度量指标不同之处在于：EVA 考虑了给企业带来利润的所有资金成本。基于 EVA 的绩效管理方法，把企业内部制定的很多离散指标统一成一个最终指标，就是为企业创造价值。

在进行业绩评价时，假如不考虑权益资本费用，就不能真实地反映出资本的运营效率和企业为股东所创造财富的多少。因此，只有在业绩评价中充分考虑企业所用的全部资本费用，才能真实地反映出企业的资本保值增值情况和其所创造的财富。EVA 等于税后经营利润减去债务和股本成本，是所有成本被扣除后的剩余收益。它反映的是企业税后营业净利润与全部投入资本成本之间的差额，是对真正“经济”利润的评价。倘若税后净利润大于全部资本成本，EVA 为正值，说明企业为股东创造了价值，增加了股东财富；反之，则表明造成了股东财富的损失。

EVA 不衡量过程，直接切入为股东创造的价值，是一种概念朴素的方法，避免了中间过程指标可能造成的管理上的误导。EVA 绩效管理对最终创造价值的考核并不是孤立的，而是以公司从上至下的价值链相贯穿，能够有效地将企业的目标分解到基层。但这种方法的强项是针对财务指标，因此又引入了独立绩效因素，类似于 KPI 中的行为过程指标。通过 IPF 把行政、人力资源等不直接创造价值的支持部门的奖金总额，与所服务的内部客户创造的价值额度按比重挂钩，再决定部门内员工间的奖金分配。

基于财务的 EVA 绩效管理对公司内部的财务体系提出了非常高的要求，所以，对财务分析系统不很完善、财务数据难以达到可供分析判断需求的企业，实行时需要加以具体调整。

★管理学习课★

绩效管理决定着一个企业的生死存亡。一个优秀的销售主管懂得如何用好各种绩效管理工具，只有这样他才能够做好自己的管理工作。倘若用错了工具那将是一件非常麻烦的事情，很可能会造成员工的流失，不利于公司的团结稳定。

第七章 掌握沟通艺术，执行无障碍更彻底

沟通是团队管理中非常重要的一个环节，目的是通过沟通，实现部门与部门间、上下级之间进一步的了解。比如，总结工作中有利的经验，发现存在的问题和不足，这对于提高工作效率、制定改进方案非常重要。

7C原则：让你的沟通更有效

美国沃尔玛公司总裁萨姆·沃尔顿曾说："如果你必须将沃尔玛管理体制浓缩成一种思想，那可能就是沟通。因为它是我们成功的真正关键之一。"沟通就是为了达成共识，而实现沟通的前提就是让所有员工一起面对现实。沃尔玛决心要做的，就是通过信息共享、责任分担实现良好的沟通。

沃尔玛公司的行政管理人员每周花费大量时间去各地的商店，通报公司所有业务情况，让所有员工共同掌握沃尔玛公司的业务指标。在任何一个沃尔玛商店里，都定时公布该店的利润、进货、销售和减价的情况，并且不只是向经理及其助理们公布，也向每个员工、计时工和兼职雇员公布各种信息，鼓励他们取得更优秀的成绩。

沃尔玛公司的股东大会是全美最大的股东大会，每次大会公司都尽可能让更多的商店经理和员工参加，让他们看到公司全貌，做到心中有数。萨姆·沃尔顿在每次股东大会结束后，都和妻子邀请所有出席会议的员工到自己的家里举办餐会，在餐会上与员工聊天，大家一起畅所欲言，讨论公司的现在和未来。为保持整个组织信息渠道的通畅，他们还非常注重收集员工的意见，通常还带领所有人参加"沃尔玛公司联欢会"等。

萨姆·沃尔顿认为让员工们了解公司业务进展情况，与员工共享信息，是让员工最大限度地干好本职工作的重要途径，是与员工沟通和联络感情的核心。而沃尔玛也正是借用共享信息和分担责任，满足了员工的沟通与交流需求，达到了自己的目的：使员工产生责任感，意识到自己的工作在公司的重要性，感觉自己得到了公司的尊重和信任，积极主动地努力工作。

由此可见，沟通是多么重要。如同激励员工的每一个因素都必须与沟通结合起来一样，企业发展的整个过程也必须依靠沟通。可以这样说，倘若没有沟通，销售主管的工作就难以发挥积极作用；没有顺畅的沟通，企业就谈不上机敏的应变。

我们生活中的每一天都需要与别人交流。沟通随时随地都伴随着我们，沟通是我们工作、生活的润滑油；沟通是消除隔膜，达成共同愿景、朝着共同目标前进的桥梁和纽带；沟通更是学习、共享的过程，在交流中可以学习彼此的优点和技巧，提高个人修养，不断完善自我。沟通是公司对每个员工的要求，也是我们每个员工自身发展的需求。沟通可以减小运营的摩擦系数，提高管理效率，降低管理成本，营造出真诚的组织氛围。在公司大力推行精益管理的今天，怎样才能够让我们的沟通更加精益和有效呢?

1. 正确，即沟通信息的正确性

信息的正确传递是工作顺利开展的基础。在沟通中，我们可能会因为客观环境或主观情绪影响，不能将信息正确地传达给对方，将会影响或延缓工作的开展。在传递信息时，我们的表达和诉求必须完整、系统、准确，必要时还要进行验证确认，确保对方准确无误地接收。

2. 完整，即在沟通中，双方将自己要说的内容说得完整

信息完整是工作顺利进行的保证，倘若掌握的信息支离破碎、残破不全的话，我们将难以做出正确的判断和科学的决策，执行起来可能会比较困难。倘若我们将信息完整地传递给了对方，对方就可以感觉到我们的真心。

3. 言之有物，即在沟通中要有事实、有证据

用事实和依据说话是最有说服力的，特别是在敏感的区域，言之有物更显其作用。理性的沟通和处理问题对事不对人，双方都要用事实说话，去除

猜想、听说之类的内容，理性地传给对方正确的信息，让彼此知道自己该做什么、该做到什么程度。

4. 清晰，这是一个表达的要求

清晰地表达有利于对方的倾听、合作，也有利于对方记住传达的信息。假如沟通含糊其词，表达不清，不仅会使对方接受起来比较困难，而且还浪费了对方宝贵的时间。假如在沟通之前做好准备，分类汇总，有条理地解释说明，这样让对方不仅得到了信息，而且会感受到我们的工作态度和工作能力。

5. 简明，即沟通要简洁，越简单越好

这是较高的沟通技能追求。业务越熟练、表达能力越好，表达就会越简明。某些人能很快地将问题说得透彻、清楚，就是因为业务熟悉、经验丰富。我们要不断学习，提升业务能力，注重表达能力的培养，让沟通简单化。

6. 礼貌，即沟通中要注重礼仪、说话讲技巧、有分寸

热情、文明、礼貌的行为不仅体现了自我的素质和修养，而且对工作的开展很有益。同时企业员工的整体礼仪水平也体现了企业的文化水平。要注意自己的着装打扮、语言谈吐等，从细节上严格要求自己，不断学习、改善。

7. 体贴，即多为对方考虑

体贴在英文里有一个特别好的解释，就是“把你的脚放在别人的鞋里”，只有亲自试试别人的鞋才能知道别人的真实感觉，这就叫体贴。体贴就是要多为对方考虑一些，多站在对方的角度考虑和解决问题，换位思考，以心换心，这样我们付出的体贴将会得到对方的褒奖和加倍回报。

★管理学习课★

随着人与人之间交往的频繁，沟通变得越来越重要。有效的沟通为人们提供了很多便捷，有利于开展销售工作。作为一名销售主管一定要掌握沟通的原则，这样才能够使自己的工作做起来称心如意。

出现矛盾，你既要当裁判又要学做“和事佬”

在任何企业中，主管最不愿看到的恐怕就是下属之间闹矛盾了。毕竟都是自己的“左右手”，伤害了谁都是连着自己的“筋骨”。更何况小的矛盾倘若处理不好、处理不公，不但会降低管理者的威信，还会影响整个部门的工作效率，而且一旦事情反映到高层，那么主管的管理能力也会受到严重的质疑和挑战。

所以，主管在处理下属之间的矛盾时，要掌握的第一个原则就是冷静公正，不偏不倚，一碗水端平，不能借机打击报复。在你把自己的心态调整公平以后，你只要掌握一些解决矛盾的技巧，就完全可以解决矛盾了。

> 林总在办公室处理文件，一阵激烈的争吵从隔壁的办公室传来，打断了他的思路。他停了一下，声音越来越大，吵闹中还夹杂着相互的辱骂声。林总推门一看，原来是小刘与小黄正脸红脖子粗地争吵着。
>
> “都给我住嘴，你们说说怎么回事！”
>
> “他工作老是拖沓，我要的资料叫他昨天拿出来，拖到今天都还没有结果。”小刘说。
>
> “资料没有拿出，我是有原因的，你在工作上就没有拖沓过？假如你遇到我这种情况你又怎么办？你我平起平坐，你凭什么指责我？”小黄答辩道。
>
> 还没等小黄说完，林总发话了：“小黄，你真不像话，我感觉你工作态度确实存在问题，你要好好写检查。”
>
> 原来小黄的爱人生了病，儿子在上学路上出了车祸，小黄这两天一直在医院照顾，因而影响了资料的整理。领导的处理方式让小黄很不服气，他跳槽到了另外一家公司。

在组织内部，主管与员工之间，员工与员工之间为工作上的一些鸡毛蒜皮的小事发生冲突，这也是很正常的。

面对与员工的冲突，一些主管认为自己的尊严受到了侵犯，自己感受到了一种威胁与伤害，觉得从面子上、从情感上过不去，于是变得偏激、尖刻、愤怒，使冲突越来越升级，矛盾越来越加深，这样下去既有损自己的形象，又伤了员工的和气，还无助于问题的解决。

当主管与员工之间发生冲突，作为主管就要把他们当作平等的伙伴，不能当成下属或敌人。就要通过对话、沟通消除误解和隔阂，而不能以权压人，屈打成招。要以领导的姿态、以包容的情怀、以友善的态度宽容员工、理解员工，而不能小肚鸡肠、冷嘲热讽、言辞偏激、针尖对麦芒、火药味十足。要知道，你的一言一行，将会成为下属关注的内容，你的态度和方法也将决定着冲突化解的速度及效果。

在对待员工之间的冲突上，你首先应该给他们留足时间，让他们尽情地发泄，你先不必表明你的态度，你尽可能充当一种“和事佬”的角色，做个“好好先生”。一个高明的主管，总是善于在派系林立、矛盾纷争的局面中，巧妙周旋，寻找平衡点。

对于非原则性的小纠纷、小矛盾，没有必要断个是非曲直，也没有必要弄个水落石出，应该引导员工大事讲原则、小事讲风格，而不应去斤斤计较、反复纠缠。主管可运用“模糊”艺术，装装糊涂，这样既能淡化和避免一些无原则的纠纷，又能凝聚人心，还能赢得所有员工对你的尊重。

如何处理同事间矛盾？有的时候还可以把发生摩擦的部分责任揽在自己的肩上，这既能体现你的勇气和敢于承担的精神，还能减少员工彼此间的牢骚和敌意。倘若冲突双方争执不下，非要你分个谁对谁错，不要急于下结论，不要惊慌失措、六神无主，也不要火冒三丈、火上加油，你要不紧不慢、心平气和、保持冷静，可采用缓兵之计。这个问题的处理可以先调查调查，考虑考虑再说，时间最能缓解人的情绪，当事人当时很情绪化，也许冷静下来，便会心平气和地面对矛盾和冲突。

有时冲突较为激烈，需要你做出处理，作为一个聪明的主管一定要公正公平、不偏不倚、一碗水端平，不能带有任何主观色彩和偏向。不然，有可能会使冲突激化，还可能使冲突迅速转移到你的身上，这会使局面更不好收拾。

总而言之，在面对员工的矛盾时，你要做好这几方面的工作：第一，冷静面对。对他们之间发生的矛盾既不可视而不见，也不可惊慌失措；第二，辩证分析。千万不要把自己对某个下属的私人恩怨牵扯进去，那样将不利于他们之间矛盾的解决；第三，合理制定出解决矛盾纠纷的方案，做好与双方员工的沟通工作，顺利解决双方的矛盾。那么你就能使他们摒弃前嫌，化干戈为玉帛，从而使你所领导的这个团队的工作质量和办事效率大大提高，使你个人在团队中的威望与日俱增。

★管理学习课★

销售主管要做到客观公正，就要懂得一碗水端平，面对矛盾尽量使自己充当“和事佬”的角色，而不是一味地偏袒一方。倘若真正能够使员工的矛盾得到和解时，便赢得了双方的人心，也为自己树立了一定的威望。倘若一味地偏袒，那只会让原本细微的矛盾变得越来越激烈。

话说得清清楚楚，别人才能够听得明明白白

在一些企业中特别是一些比较有竞争力的大公司，主管会经常开一些公司会议，与员工进行沟通。部门之间、上下级之间的各种正式和非正式的“沟通”，占据了企业主管的相当一部分工作时间。甚至有很多主管都在抱怨沟通的泛滥、失真……然而，就在这些抱怨声中，“沟通”中无形的墙却正在慢慢形成。倘若这样的“墙”在你的企业和沟通中也存在，试着去推倒吧！

这个问题由来已久，许多主管也在试图将其推倒，但收效甚微。这不是没尽力，也不一定是方法不对，很可能是没注意到自己说话的角度和深度的问题。一般而言，领导毕竟是领导，员工终归是员工。作为主管，千万不要

简单地认为所有人都和自己的认识、看法、高度是一致的。所以，在与员工沟通时必须使用员工听得懂的“语言”。否则，你的这次沟通一定是失败的，即便你有一肚子的学问，用了足够的时间。

作为主管在开会时，一定要尽力把话说得清清楚楚。

在面对下属说话的时候，不要站在自己的角度去说，因为你说的话你自己是理解确切的含义的，但是你不能保证下属也和你一样理解。就像下属最关心的事你未必最关心，而你的想法，他们也未必能够理解。不要说一些抱怨下属脑子笨之类的话，因为每个人所站的位置不同，作为下属他们心里认为自己只是一名员工，没有必要像主管一样考虑那么多。

方远是一个日资企业中的中国籍雇员，在制造部门担任主管。刚上任，他就对制造部门进行改造，但是他发现现场的数据很难及时反馈上来，于是决定从生产报表上开始改造。他借鉴日本母公司的经验，设计了一个非常完美的生产报表，从报表中可以很清楚地看出生产中的任何一个细节。每天早上，所有的生产数据都会及时地放在他的桌子上。这让他十分高兴，认为他拿到了生产的第一手数据。

没过几天，却发生了一次大的质量事故，但报表上根本就没有反映出来，方远这才知道，报表的数据都是随意填写上去的。

其实，方远的苦恼是很多企业管理者的烦恼。现场的操作工人很难理解他的目的，因为数据分析距离他们太遥远了。大多数工人只知道好好干活儿，拿工资养家糊口。不同的人，他们所站的位置不一样，单纯地强调、开会，效果不是很明显。

虽然方远不断强调认真填写生产报表，理论上可以有利于改善，但工人们并不能像方远一样去理解报表的重要性，他们认为这和他们没有多少关系，一不影响他们拿工资，二无关他们的福利待遇。

后来，方远明白了下属们心里所想的和他们所关心的，就想出了一个好办法：将生产报表与业绩奖金挂钩，并要求干部经常检查，他们才知道认真填写报表是与切身利益有关系，开始重视起来。

因此，一个聪明的主管必须把握下属的心理，找准他们最关心的问题，站在他们的角度和立场，设身处地为他们着想，这样沟通才会有效果。

在这个世界上人是千差万别的，不同的人有不同的理解问题的方式，一千个人可能有一千种思维。不同的人去对一条狗发表自己的意见：有的可能会马上询问狗是什么颜色，可爱吗；而有的人则会问狗是否很脏，咬人吗；而有的人则会问狗多大了，有没有打预防针……仅仅是一条狗，大家对它的态度却是如此不同。

同样的一件事，不同的人对它的理解的区别是相当大的，主管在沟通中面对的是不同的人，所以在说话的时候一定要采取不同的方式。否则，将大大影响沟通的效率与效果。在主管与下属进行沟通的时候，当你说出一句话来，你自己认为可能已经表达清楚了你的意思，但是不同的下属会有不同的反应，其理解可能是千差万别的。这就需要主管体会对方的感受，了解对方的情趣，做到用“心”去沟通。

一个出色的主管不能只顾着时不时地召开会议，并且讲一些大道理，甚至说一些模棱两可的话，从而使下属没有完全听懂话、会好意。

主管在沟通前应该认真思考对方能够接受什么样的语言、什么样的方式，要选择对方能够接受的方式进行沟通，这是沟通获得成功的一个非常重要的步骤。在实际中，很多主管往往会忽视这一点。这都是导致对方听不“懂”你说话的原因，也是你沟通失败的原因。

因此，一个优秀的销售主管必须具备出众的口才。从人们的语言交际实践看，口才主要表现为说话的六种才能或能力，即说明能力、吸引能力、说服能力、感人能力、创造能力和控制能力。也就是说，一个优秀的销售主管必须具备这六种说话能力，这样才有利于自己开展工作。

1. 说明能力

说明能力，即把话说得准确明白的能力。一般人认为，口才就是说话表达能力，能把自己心里的想法说出来，这是口才的最基本的要求。其实，讲话能把意思讲准确、讲明白，使听者一听就明白，也不是一件容易的事情。

2. 吸引能力

吸引能力，即通过说话把别人的注意力留住的能力。也就是吸引周围的人倾听自己说话，使人愿意听、听得进，并有所乐、有所得。倘若人家不愿意听、听不进去，那说话能力再强、说得再清楚，也没有用。有的人很爱讲话，话匣子一打开就止不住，别人不想听又碍于情面不好不听，这种人不能算有吸引力。

3. 说服能力

说服能力，即说话能打动人心，使听者心悦诚服的能力。口才很好的人，并不一定讲得很多，妙就妙在他了解别人的想法，会对症下药，三言两语就能使人折服。说服能力要求语言行为具有明确的目的性。

4. 感人能力

感人能力，即用语言打动人的能力。也就是要求讲话人以自己的激情感动听者，获得以情动人的效应。倘若演讲者的感情平淡、语言贫乏，其结果必然感动不了听众。

5. 创造能力

创造能力，即讲话中根据思想表达的需要创造语言的能力，或者说是创造性地运用语言来表达自己思想的能力。

6. 控制能力

控制能力，即控制自己语言所能引起后果的能力。这种能力表现在以下几个方面。

（1）准确把握说话分寸的能力。既要把意思说到，又不说过头，说得恰如其分，这是一种控制能力。

（2）针对不同的听者和不同的情况，准确预料和有效控制听者对自己语言所做的反应的能力。如向人提问某件事，要考虑能不能问，从哪个角度问，用何种语气问，对方按照提问所能做出的回答是什么，要考虑提问的后果，这些都要在说话时加以预料和控制。

（3）在谈话过程中已经出现问题的情况下，改用恰当语言予以补救的能力。

★管理学习课★

说话是传递信息给别人。作为一名销售主管一定要具有出色的语言表达能力。倘若生性木讷，表达含混不清，这很可能会使下属听错话，从而做错事情。因此，销售主管要锻炼自己的表达能力，尽力使下属听懂你的意思，从而努力完成你分派的任务。

不要只知批评忘了表扬，队员更需要被赞赏

销售主管教育员工有个诀窍，就是俗话所说的："骂一次，称赞三次""称赞七次，再骂一次"。的确，销售主管如果光是责备或教训，是不可能把员工教好的。员工应该责备时，固然要责备，但责备之余也不应忘记称赞。

为什么要这样呢？因为每个人都渴望得到别人的认同。倘若能得到他人的认同，自然拥有信心，而有了信心，就可以实现目标。借着鼓励的刺激，真正的潜力就会展现，且随着潜力的展现，人格也会渐渐成熟，并且能够慢慢地自行矫正缺点。

事实上，这种做法是每个销售主管对待下属时应切记的。因为，唯有提高员工的工作干劲儿，拓展他们的能力，主管才能达成自己的目标。反之，只一味地斥责部下，而不认同他们的能力、不称赞他们业绩的主管，终会因下属无法发挥才能，使得自己不能实现预期目标。

某大公司是一家销售公司，其销售部的主管接二连三地进行更换，原因就是业务员总是抱怨公司分配的任务量太大，已经远远超出他们的推销能力。然而，销售部主管却认为这并非他们的责任，而是公司所分配的任务，必须无条件地执行。虽然销售部的主管一换再换，但这个矛盾始终不能得以解决。后来，这家公司又招聘了一名主管，与其他主管不同的是，这位主管上任后，并没有一上来就分配任务，而是对市场状

况与业务员工作情况做了了解。

在不断了解的过程中，他发现前任主管与业务员之间的矛盾：双方从来没有心平气和地在一起谈过心，反而是相互抱怨居多。

掌握此情况后，新任主管通过与上司进行沟通，对业务员的月任务量进行下调，并在每月的业务员会议上，先对每个业务员的业绩给予一定的赞扬。即使只是点滴的进步，他也会郑重其事地表扬一番。有时亲临市场考察，见到某个区域的业务员时，他总会说："你辛苦了，你在工作方面做得非常不错，望再接再厉。"

渐渐地，公司的情形发生了变化，业务员的抱怨渐渐减少，每个月的工作任务也能按质按量地完成甚至超额完成。事实上，与以前相比，他们的工作量只是略有减少，但大部分业务员却能完成，而不像以前那样，每个月有近一半的业务员均完不成任务。

在此主管任职的几年时间内，这个公司的销售市场逐步扩大。由于任务完成得较为出色，这位主管不仅受到上司的极力称赞，还得到业务员的高度认可。

其实，这位主管之所以能取得这样的成绩，就是因为他懂得适时地赞美自己的下属，使他们能够从赞美中获得工作的动力。

一位成功人士曾说："在现实生活中，有许多人习惯于骂人或警告人。如果能够反过来称赞他，反而会使其更有信心，更容易发挥潜能。"因此，对于一名主管而言，假如你要在员工中树立威信，得到他们的认同，就要学会适时地赞美他们。不仅仅只是主管应该如此，每一个人均应如此，当你看到值得赞扬的人或事情时，一定要及时地给予称赞，使赞美能够发挥最大作用。

有调研公司，花了 25 年时间，调查了全球 100 万个普通员工、8 万个经理人，试图找到最现实、最有效的管理之道。它将调研结果汇编成书，名曰《首先，打破一切常规》。书中如是说："假如你的上司根本不表扬你，你就不得不靠自己的智慧而生存。假如你天生善于自我激励，那么你就可能在毫无表扬的情况下长期生存。然而，大部分人很快就会感到心累。——面对没有表扬的环境，你可能会选择跳槽。"

曾有同事这样对我说明："我不快乐，因为没有人夸奖我！"我在离职几年之后，还不断地有以前的下属跟我汇报工作，他说："我会跟你讲，因为你会夸奖我！"

没有表扬和赞美的环境是很容易令人疲惫的。我们每个人都需要大量的赞美来维持安全感。人对赞美的需求永远都是没有止境的。

美国联合钢铁公司的第一任 CEO 查理·史考伯很会表扬员工。他说过："我认为，我那能够使员工鼓舞起来的能力，是我拥有的最大资产。而使一个人发挥最大能力的方法，是赞赏和鼓励。我在世界各地见了许多大人物，还没有发现任何人，不是在被赞许的情况下，比在被批评的情况下，工作成绩更佳、更卖力。"对这样的观点，有些人会表示疑惑，确实，任何公司都有一部分员工是高度自我驱动的。他们内心有强大的动力，并不依赖赞美或夸奖。外界环境恶劣时，他们也可能坚韧地持续努力，甚至还越挫越勇。

遇到高度内驱的员工是主管的幸运。但主管必须明白，你不能指望你的员工都是高度内驱的——像你自己一样。对很多员工来说，赞美和夸奖不是奢侈品，而是必需品。

夸奖能够让员工感觉安全和愉快，因而更投入地工作。夸奖，同时是最基本的塑造、改变员工行为的方法。人有一种基本的本能，就是重复让自己感觉愉快的事情。当一个人因为自己所做的事得到愉快的结果时，他会倾向于重复这个行为；反过来，一个带给他不快的结果的事，他就会避免重蹈覆辙。

当我们知道我们将要因为所做的某些事情挨批评的时候，我们将会感到很大的压力，因为我们畏惧将要听到的事情。更糟糕的是，没有比批评更伤害人的自尊心和自信心的了。甚至，大量赞美中的一句批评都可能对人造成很大的伤害。一个男人说："我老婆动不动就说爱我，可我还是记得去年春天她竟然嘲笑我太胖了"。

因此，高明的主管都会多采用表扬的方法，而较少使用批评的方法，需要使用批评的时候，他们会用不带倾向的语言，并且确保批评和表扬的比例是 1∶4。查理·史考伯说："再没有比上司的批评更能抹杀一个人的雄心的了。我赞成鼓励别人工作。倘若说我喜欢什么的话，就嘉许，宽于称道。"

心理学家杰斯莱尔说：“赞扬就像温暖人们心灵的阳光，我们的成长离不开它。但是绝大多数人都太轻易地对别人吹去寒风似的批评意见，而不情愿给同伴一点阳光般温暖的赞扬。”

可见，称赞他人并非人人都能做好。那么，一个优秀的销售主管到底应该怎样赞扬自己的下属呢？

1. 赞人要快

员工某项工作做得好，主管一定要及时夸奖，倘若拖延数周、时过境迁，迟到的表扬已失去了原有的味道，再也不会令人兴奋与激动，夸奖就失去了意义。

2. 赞人要诚恳

避免空洞、刻板的公式化的夸奖，或不带任何感情的机械性话语，“放之员工而皆准”，令人有言不由衷之感。

3. 赞人要具体

表扬他人最好就事论事，哪件事做得好，什么地方值得赞扬，说得具体，见微知著，才能使受夸奖者高兴，便于引起感情的共鸣。

4. 赞人不要又奖又罚

作为主管，一般的夸奖很像工作总结，先表扬，然后是“但是”“当然”一类的转折词，这样很可能使原有的夸奖失去作用。应当将表扬、批评分开，不要混为一谈，事后寻找合适的机会再批评，可能效果最佳。

★管理学习课★

人是有血有肉的，绝不是传说中的圣贤君子。因此，没有人喜欢毫无情面的批评，人们都喜欢表扬并乐于接受表扬，这是人类的天性。销售主管要充分利用好这一点。在对下属进行批评的同时，也要看到他的长处，并给予一番嘉奖。

沟通的唯一宗旨是达成共识

沟通是信息传递及反馈的过程，是销售主管的必备技能，可以说，没有沟通就没有销售；没有沟通，就没有销售管理。事实上，销售主管每天都需要做大量的沟通工作，因为他与上级、下属、客户、公众之间的交流几乎无处不在，无时不在。

内部沟通是企业提高效率和信息资源共享的重要途径之一。通过沟通，企业内部人员能够在合作与协调上达成一致，从而能够尽快地调整资源分配，提高工作效率。销售是企业最重要的职能之一，从某种意义上来说，销售产品并不仅仅是销售人员的工作，公司内部的所有人员都应该参与到销售工作中来。因此，企业的销售工作也离不开各部门之间的相互协调。没有其他部门的协调，再优秀的销售人员也不可能与顾客建立起长久的关系，再优秀的销售主管也无法达成业绩目标。

约翰逊是华尔街一家跨国公司的人事考核部经理。半个月前，他接到公司副总经理的指示，要求他对公司全体员工过去一年来的工作业绩进行全面考核。

于是，约翰逊马不停蹄地为此次绩效考评制订了详细的考核计划。按照计划，人事考核部应该首先把各个部门员工的工作分析说明书调出来，然后分析各部门岗位的工作绩效，并从中提取每个员工一年来各项绩效考评的具体指标。

其次，人事考核部的管理人员要亲自把关，并把每一张绩效考评表打印出来，分发给各个部门的员工。因为约翰逊所在的是华尔街一家大型跨国公司，员工有3000多，为此，约翰逊不分昼夜地工作，并且牺牲了很多休息时间。当他把绩效考评表全部发到公司各部门的时候，他感觉自己的工作做得非常圆满了，并且露出了欣慰的笑容。

然而，令他意想不到的事情发生了——公司销售部门90%以上的人员拒绝参与本次绩效考评，并且要求辞职。因为此时正值公司产品的销售淡季，倘若在此时给员工做绩效考评，销售部几乎全部员工的业绩都无法达到公司的要求。

由于约翰逊在绩效考核前，没有与各个部门的经理和员工进行有效沟通，使员工对这次考核产生了极大的反感，而且销售主管直接向公司董事会汇报了此事，并要求公司撤销此次考核，还要追究约翰逊的工作责任——他没有对公司的销售状况进行详细了解，就开始对员工考核，激起了销售部门90%以上的员工的反感。

公司董事会虽然知道此次考核是在总经理的授权下进行的，但是依然认为约翰逊对此事负有主要责任。同时，为了稳住人心，并且给全体员工一个满意的答案，公司董事会要求约翰逊“暂时”停止对销售部门人员的绩效考核，并且为自己的工作失误而向销售部的全体员工道歉。

面对这样的处理结果，约翰逊十分不服气，他认为自己完全是在公司总经理的授权下开展工作的，并且拒绝道歉。一周之后，公司董事会辞退了约翰逊。理由是，通过公司董事会的调查发现，绩效指标确实存在问题。

面对这样的结果，许多人都为约翰逊扼腕叹息。因为大家通常会认为，按照上级的指示办事，没有功劳也有苦劳。但是，通过对整个事件的冷静分析，我们不难发现约翰逊又何尝没有失误之处呢！突然到来的绩效考评一方面打乱了员工工作的正常心态。另一方面，在考核前，制定的绩效指标缺乏针对性。倘若约翰逊能够在绩效考评这个问题上与各个部门的经理进行有效的沟通，相信事情不会发展到如此地步。

由此可见，沟通是企业一切管理活动的根本，不管任何决策和任何制度，如果缺乏有效沟通都不能称之为“制度”，尤其是在倡导人性化管理的今天，各个部门之间的沟通非常重要。

从企业发展的角度来看，沟通是一个信息双向交流的不二法门。企业中的管理者与被管理者通过有效的沟通可以实现信息的交流，并且建立企业内部良好的合作关系，同时还能促进企业建立起优秀的人际关系。但是，倘若企业内部缺乏有效的沟通或者是由于各种原因没有条件进行沟通，就会导致沟通的低效，甚至是无效。这势必会导致企业管理工作的效率低下，更为严重的则可能会引发企业管理制度的全线崩溃。

企业内部进行有效沟通有两个前提条件：一是企业的内部人员必须有沟通的意识，并且把沟通当成解决企业发展过程中的问题的一个良好手段；二是企业的管理层必须制定出良好的沟通制度作为企业内部人员进行有效沟通的保障。倘若没有这两条，企业的管理层和员工就不会达到深层次的认知，从而导致沟通只是停留于书面上的文字或行为规范的限制上面。从实际情况来看，企业内部之间的沟通可以为企业的发展解决许多实际问题，而缺乏沟通的企业往往会为企业的发展制造许多藩篱。

企业在发展中出现问题，首先是管理上的问题，而管理工作出现问题，大多是因为企业内部或者企业内外的沟通出现了堵塞。一家优秀的企业会很好地处理管理工作中“控制”与“沟通”之间的关系，并且制定相应的制度保障，因此沟通的有效性也是决定企业未来发展的重要因素之一。

尤其是在企业发展遇到瓶颈的时候，针对发展过程中不断出现的问题进行有效地沟通，是推动企业发展的重要手段。因此，作为一名优秀的销售主管，更应该把与各层次的沟通摆在工作的首要位置。

有些主管会对下属说出自己的建议和要求，结果却发现对方没有任何改进。究其原因，下属并非拒绝改变，而是主管没有说出明确的方向。一个优秀的销售主管可以运用下面的几个方法使自己的沟通变得更有效、更容易达成共识。

1. 说出“具体行为”

沟通前，先确定你对下属的期待。例如，“工作更主动一点”，这个说法较抽象，可转换成希望下属自行提出进修规划、无须主管监督也能妥善完成工作、主动要求负责新项目等，在这个基础之上再沟通，较容易促进下属的行动。

2. 找出“优点”开启讨论

倘若你已经决定找下属谈谈他傲慢的态度，拙劣的说法是：“我想跟你聊一下你态度傲慢的问题。”这种直接点出负面的说法，只会激起他的防卫心，对话会很快陷入僵局。较好的说法是从傲慢中找出可能的优点，以此作为开头。比方说，傲慢的人一般都很自信，你可以从这点切入：“我觉得你的优点之一就是很有自信，但是有时候会不会有点过了头？我举个例子来说……”这个说法不但没有偏离主题，还会让下属想要继续听下去，倘若还能搭配具体行为来佐证你的看法，就更能加强论点的说服力。

3. 别用“否定句”开场

以“不”作为开头的要求，经常会启动对方的反抗心，就好像要小孩不要玩火，他就会想尝试看看一样。试着把希望下属“工作上不要太被动”的建议，改成“我希望你每个月都能有一个新提案”，或许更能让下属照着你的想法来慢慢改变自己。

★管理学习课★

沟通是企业管理的根本。沟通的目的只是为了达成共识。不能达成共识的沟通是失败的沟通，它没有任何现实意义。一个聪明的销售主管理应想方设法地使自己的沟通朝着目标前行。

避开影响沟通畅通的五个陷阱

沟通行家和领导力专家告诉我们，有效的沟通比任何东西都重要。然而，在 50 名来自大型跨国公司的高级管理人员展开的一项访谈中，却有令人吃惊的发现：他们说管理沟通正在恶化，而这种恶化在某种程度上是咎由自取。

怎么办？当然是要纠正对于沟通的一些错误认识。对于日常沟通要有一个长期的、战略性的眼光——把所有沟通都当作一个战略行动。

最后，我们应该想尽一切办法努力避开影响沟通畅通的五个陷阱。

1. 词能达意

认为词语“包含”固定意义的想法是非常错误的。词语的意义是人赋予的，而非本身固有的。一个词语只是触发了意义和感官联系，倘若其意义是具体的话，而一个固定不变的意义是不存在的。

一个词语所指的实物和它的含义可能不是一回事。我们听到“狗”这个词，大脑中就会出现一只狗的形象，你仿佛能听到它的吠叫，或者抚摸到它的皮毛。而像“战略”之类的抽象名词或词组仅仅是作为理念而存在的。它们不会引起感官印象，对于不同的人，它们可能会具有不同的意义。

在一项研究中，85%的主管表示他们竭力使其传达出去的技术信息精准无误。但是，精确的技术语言却常常加大了误解的风险。这是为什么呢？因为除了业内人士知道他们所使用的词语的通常意义，外人都不知道。正所谓隔行如隔山。

2. 信息等同于沟通

在该调查中，76%的管理者似乎将“信息”和“沟通”混为一谈。我们来区别一下，信息是数据、事实和商业情报，而沟通是主管将信息、理念或感觉传递给另一个人或一组人。

沟通由三个部分组成：发送者、用于传达信息的符号（通常是词语）、接收者。沟通有听觉方式（讲话及语调）、非口头方式（身体语言、手语、超语言、触摸、眼睛接触），以及书面方式。

你可以通过衡量所发出信息与所收到信息之间的相似度，来评估你与他人之间的沟通的有效性。沟通中存在的挑战是：你所讲的与听者所听到的常常是风马牛不相及。生理的、环境的，以及心理的干扰会阻碍并扭曲信息。然而，我们很多人还是以为我们要表达的信息会原汁原味地传达给听众，就像一个人把砖头递给另一个人一样，砖头不会因此而少一丁点。

3. 沟通是你可以掌控的

一家大型水泥企业的业务开发主管说：“我们花了两年的心血制定新的亚洲战略，而CEO只是和负责沟通的人员在幻灯机前花了一个下午，然后他做了一次展示，并把幻灯片电邮给每个人。他从未检查别人是否收到，他只是假定别人原封不动地收到了他的信息，并且已经对之认同。”

沟通不是一件有形的物品，像电邮或宣传册那样实际存在。它也不是“把话传出去”那么简单。你可以增强你对沟通的掌控，但即使是经过周密计划，且实施得体，管理沟通也可能做得一塌糊涂。

你说的、做的每件事——你的面部表情、你的步态、你的办公室装修风格、你的领带、你的闲聊——都在向外界传达信息，甚至沉默也会被看作是一个信息。你不可能不沟通，是接收者在“沟通”。

4. 能言善辩者不代表擅长沟通

一些接受调查的主管认为，能言善辩者不一定是一个出色的沟通者。为什么会这样呢？能言善辩者喜欢“表现”。他们不愿倾听，对别人的话是“左耳进右耳出”。他们更关注自己的表现，完全以自我为中心。他们试图以花哨的信息来加深听众对他们的印象，而非倾听与投入。

有效的沟通者善于倾听，他们会选择合适的媒介（渠道），他们的信息是为听众量身定做的（与听众所具备的知识和需求相匹配），用听众可以理解的语言清楚、准确地表达他们的想法。

这些受访者说他们并不要求完美。有效的沟通是真诚可信的，即使他们相对不那么老练圆滑。良好的沟通不是征服，而是某种程度上的妥协。

5. 业务沟通不需要情感

主管们把大型跨国公司的文化形容为事实、数字和信息的结合。这种占主导地位的说法据称有其合理成分。沟通都侧重于可见的和可衡量的效果，并诉诸涉及思考、分析和得出结论的那些认知手段。他们认为，自从多媒体展示被引入管理沟通，大公司的沟通可以描述为“过度使用冰冷的电脑幻灯展示，到了令人昏昏欲睡的地步”。

参与这项调查的93%的主管都十分偏爱诉诸情感的沟通，例如讲故事或者写博客。情感，据称能将对话或沟通提升为“更高层次的约会”。一家全球性人力资源公司的主管说，“唤起人们情感和视觉形象的故事能够打动他们。人们对别人或其他生命的感受总是要多于对抽象事物的感受”。

受访者在有力的信息传递、接收和情感之间发现了关联。他们认为倘若能将情感和理智相结合，信息会有更好效果。但在利用情感达到说服效果方面，这些主管的表现还不够好。

★管理学习课★

销售需要很强的沟通能力，这是众所周知的。由此可见，沟通在销售工作中的重要作用。但是，沟通也存在许多陷阱。销售主管要通过自己的经验来判断，很多时候人们的习惯往往会产生一些误导，从而不利于工作的顺利进行。

做好倾听这门功课，你会有意想不到的收获

许多销售主管不愿倾听，特别是不愿倾听下属的意见。实际上，管理问题在很大程度上就是沟通问题，80% 的管理问题实际上就是由于沟通不畅所至。不会倾听的销售主管自然无法与下属进行畅通的沟通，从而影响了管理的效果。

倾听，并不代表你对对方谈话的认同，它仅表示对对方的尊重。每个人都有表达自己想法的权利。每个销售主管都希望自己的讲话能够被下属认真地倾听，同样，每位下属也希望自己的声音能够被上司倾听。与此同时，贵为上帝的客户也渴望得到别人的倾听与理解。

倾听不是“听见”，与“听见”不同，它反映了主管对下属的态度。倘若某个主管认为自己听见了，就是在倾听，这是错误的，因为倾听用得不仅仅是耳朵，更要用心。

一位汽车推销员，有一次向顾客推荐一种新型车，他热忱接待，并详尽地为客人介绍了车子的性能、优点。客人非常满意，准备办理购买手续。岂料，从展厅到办公室，短短几分钟，客人的脸色却越来越难看，

突然决定不买了，眼看就要成交的生意就这样黄了。

这位顾客为什么突然变卦？推销员辗转反侧，不能入眠。他回忆自己的每一句话，并没有发现讲错的地方，也没有冒犯顾客的地方，真是百思不得其解。于是，他忍不住打了那位顾客的电话，询问原因。

顾客告诉他："今天你并没有用心听我说话。就在我签字之前，我提到我儿子即将进入密歇根大学就读，我还跟你说到他喜欢赛车和他将来的抱负，我以他为荣。可你根本没听我说这些话！你只顾推销自己的汽车，根本不在乎我说什么。我不愿意从一个不尊重我的人手里买东西！"

原来，那位客人的儿子考上了名牌大学，全家人都很高兴，并决定凑钱买辆跑车送给儿子。客人谈话中数次提及儿子、儿子、儿子，而他却一味强调：车子、车子、车子！

直到这个时候，这位推销员才恍然大悟。他从此引以为戒，外出推销不仅带上自己的"嘴巴"，更带上自己的"耳朵"，带上感情、带上爱心。

学会倾听，不仅可以让你获取更多的信息，更重要的是这是一种尊重他人的表现，也是一个人具有良好修养的表现。不管是谁都希望别人能够静静地倾听自己的讲话，别人也希望你能静静地倾听他的讲话；谁也不喜欢别人打断自己的讲话。同样，别人的讲话也不希望被你打断。只有站在对方的立场上，耐心听取别人的讲话，你才能够赢得别人的尊重。

在沟通中，倾听是一项非常重要的技能。遗憾的是，绝大多数销售主管都不具备这一能力，他们在与员工沟通时，只是简单地聆听而非倾听。"聆听"只是做出听的样子，而"倾听"却是包括理解与反馈在内的所有听的过程。倾听，是需要注意力、理解力和记忆力的。

能增加沟通效果的倾听，应该是积极而非消极的。消极的沟通就好比录音机，只记下了信息，但反馈不了信息，不能产生互动。而积极的倾听，则需要销售主管深入谈话者的思想，从对方的角度来理解问题。一个积极倾听的销售主管，会试图理解说话者想表达的思想，而不是他自己想理解的。同时，他还会把倾听的结果反馈给说话者，保持自始至终的客观态度，不会妄加评论。到最后，他还会做出适当的总结，发表自己的看法，来结束这场谈话。要想跨越简单的聆听，实现真正的倾听，一个出色的销售主管需要做到以下几点。

1. 保持眼神接触

眼睛是心灵的窗户，倘若主管在与员工沟通的过程中，保持与员工的眼神接触，就能让对方感觉自己被重视，还能让他觉得主管正在思考他的话，这就形成了良好的互动局面。

2. 有适当的表情

最能调动说话者积极性的，莫过于让他感到别人对他的话感兴趣。而要让他有这种感觉，主管就要对他的话有适当的表情。比如欣赏地点点头，适当地微笑，都可以作为正在用心倾听的表现。

3. 避免干扰性的动作姿势

倘若主管在与员工沟通的过程中，表现出心不在焉，那肯定会使沟通的效果大打折扣。所以，主管在与员工沟通交流的时候，要竭力避免看手表、翻文件等动作。这些动作会让员工感觉主管没有全神贯注。

4. 重新解释

积极倾听者会说“我听到你说……”“你是否认为……”倘若主管在听到某一信息后，用自己的话重述一遍员工的话，不但可以使对方感到主管对他反映的问题很关注，而且在不断的提问中可以更清楚对方的真实想法。

5. 不要随便打断别人讲话，要有耐心

当对方说话内容很多，或者由于情绪激动等原因，语言表达有些零散甚至混乱，无论如何主管都应该耐心地听完他的叙述。即使有些内容是你不想听的，也要耐心听完。千万不要在别人没有表达完自己的意思时，随意打断别人的话。当别人流畅地谈话时，随便插话打岔，改变说话人的思路和话题，或者任意发表评论，都是一种不礼貌的行为。

要使别人对你感兴趣，那就先对别人感兴趣。问别人喜欢回答的问题，

鼓励他人谈论自己及他所取得的成就。不要忘记与你谈话的人，对他自己的一切，比对你的问题要感兴趣得多。

6. 要听完后再发表意见

在倾听结束之前，不要轻易发表自己的意见。由于你可能还没有完全理解下属的谈话，这种情况下妄下结论势必会影响下属的情绪，甚至会对你产生抱怨。主管在发表自己的意见时，一定要非常谨慎。特别是在涉及一些敏感的事件时，尤其要保持冷静，埋怨和牢骚不能出自主管之口。

对员工而言，你的言论代表着公司的观点，所以你必须对你说出的每一句话负责。

★管理学习课★

在这个世界上，人人都渴望说话，更渴望别人的倾听。作为销售员要懂得做一名忠实的听众，作为主管要懂得倾听下属的心声。由此可见，倾听是每个人都需要的。在倾听的同时也要注意自己的方法技巧，因为倾听绝不是简单地带着耳朵听，更重要的是要带着自己的心去听。

及时疏导情绪，清除队员心中的负能量

在企业发展和管理的过程中，不管是企业的普通员工，还是企业的管理层都要面对各种各样的问题，而解决这些问题的关键手段之一便是有效的沟通。即使是一家优秀的企业，倘若缺乏沟通，许多事情也会事倍功半，甚至半途而废，一无所获。

2014 年，一直在外企工作的黄松柏辞去了工作，与伍跃进和化工专家严祖麟合伙创办了泰通化工公司。三个人各有各的长处——黄松柏有

丰富的生产运营管理经验，伍跃进则有丰富的市场资源和人脉关系，严祖麟则有先进的油品净化技术。三个人的分工也堪称创业“梦之队”：黄松柏任总经理，负责公司的整体运营；伍跃进出任副总经理，负责市场开拓和客户关系疏通；严祖麟则负责技术工作。

刚开始的时候，三人都非常用心地工作，希望能够把企业做大做强。但是，三个人都是忙于各自的工作，见面的机会很少，于是矛盾很快出现了。在一次寻找厂房的过程中，黄松柏在设备安装的时候与自己的合作伙伴发生了激烈的争执。黄松柏认为应该规范化生产，避免出现生产事故；而伍跃进则想着节约资金，并且对黄松柏的资金使用计划非常不满意。黄松柏也对伍跃进有很大的猜疑，尤其是在泰通化工公司的销售及物流费用一年比一年高的情况下，公司的产品价格却一降再降，更让黄松柏无法理解的是，此时的订货量反而越来越少了。黄松柏甚至开始怀疑伍跃进是不是在中饱私囊。但是伍跃进认为，产品卖不出去是严祖麟没有保护好自己的知识产权，造成了技术泄露，使得竞争对手纷纷涌现。但是，严祖麟当然也不同意伍跃进的看法，而是认为黄松柏解决问题的能力太差，对生产经营负有全责。

此时三个人之间的矛盾越来越大，以至于黄松柏提出了辞职和散伙的要求。

为什么会出现这种状况呢？原来，泰通化工公司存在的问题，主要是团队中的沟通问题。缺乏有效的沟通，是泰通破产的主要原因。因为没有沟通，再好的战略也无法得到很好的执行，企业的效率自然会十分低下。尤其是在遇到矛盾的时候，假如企业的管理层沟通不及时，企业就会不堪一击，甚至是走向破产。

曾有经济学专家这样认为：“泰通的创业团队眼下最需要做的一件事就是：进行一次开诚布公的交流，把各自的困难和想法都讲出来。其实，黄松柏第二天跟大家辞职就是一个沟通的好机会。”

在创业过程中，沟通可以把企业出现的问题摆到桌面上来探讨，以便达成共识。同时，企业主要股东之间的信任也是需要细心培养和呵护的。既然当初大家能合伙创业，彼此之间肯定是有一定的合作基础的。因此，有效的沟通是解决泰通化工公司危机的主要方法。

从泰通化工公司的经营危机中我们可以看出，再好的团队，再好的技术，再好的管理，假如缺乏沟通，企业在发展过程中也会出现各种各样的问题，而制造问题本身的不是市场，也不是产品，更不是顾客，而是企业的各个成员，特别是管理层。

另外，需要清楚地认识到威胁企业发展的最大问题就是沟通的失败。尤其是在企业发展到一定规模后，要想进一步扩大生产，部门与部门之间、员工与员工之间、客户与企业之间，都需要良好的沟通技巧与及时沟通。只有这样，才能够为企业创造出良好的发展机遇。而沟通不及时，就很有可能会影响到企业的生存。

那么，一个优秀的销售主管到底应该如何来疏导员工的消极情绪，从而使员工更加努力地做好自己的本职工作呢?

1. 销售主管应该积极和下属沟通

优秀的销售主管必备技能之一就是高效沟通技巧，一般来说，销售主管要考虑的事情很多很杂，许多时间并不能自己控制，因此经常会忽视与下属的沟通。更重要一点，销售主管对许多工作在下达命令让下属去执行后，自己并没有亲自参与到具体工作中去，因此没有切实考虑到下属所会遇到的具体问题，总认为不会出现什么差错，导致缺少主动与下属沟通的精神，忽视沟通管理。

2. 忽视沟通交流就会形成“无所谓”氛围

如果一个组织不重视沟通管理，大家都非常消极地对待沟通，忽视沟通的话，那么这个组织长期下去就会导致人心涣散，缺乏凝聚力，这就是所谓的“无所谓”文化。任何组织中都有可能存在“无所谓”文化，员工对什么都无所谓，既不找主管，也不去消除心中的愤恨；销售主管也对什么都无所谓，不去主动地发现问题和解决问题，因此大家共同造就了组织内部的“无所谓”氛围。在这种氛围中，下属更注重行动而不是结果，销售主管更注重布置任务而不是发现解决问题。

3. 加强沟通危机防范

要打破“无所谓”文化，提高组织的绩效，提高所有下属的工作满意度，就应该在主管与下属之间建立适当的沟通平衡点。倘若主管和下属没有沟通意识，就必须创造一种环境，让他们产生沟通愿望，而不能让他们麻木不仁，不能让他们事事都感觉无所谓。组织内没有沟通，就没有成功，也就没有组织的发展。

深圳华为老总任正非的“华为的冬天”震撼了业界。用任正非的话说，“十多年来我天天思考的都是失败，对成功视而不见，也没有什么荣誉感、自豪感，而是只有危机感。也许是这样才存活了十年。”海尔老总张瑞敏说：“我每天的心情都是如履薄冰、如临深渊。”

一个组织从上到下都应该重视沟通管理，主动进行沟通危机防范。一个领导最需要具备的，就是沟通管理的危机感和真正抓好沟通管理的措施。

4. 沟通是双向的，不必要的误会都可以在沟通中消除

沟通是双方面的事情，倘若任何一方积极主动，而另一方消极应对，那么，沟通都不可能取得成功。所以，要想消除误会，必须以沟通为桥梁。

作为主管，应该要有主动与下属沟通的胸怀；作为下属也应该积极与主管沟通，说出自己心中的想法。只有大家都真诚地沟通，上情下达，双方才能密切配合，才有可能求得组织更好更快地发展。所以，加强组织内部的沟通管理，一定不要忽视沟通的双向性。

★管理学习课★

随着工作时间的加长，员工往往会增加很多负面情绪，这对工作会产生一些不好的影响。一个优秀的销售主管在发现员工存在情绪问题时，一定要给予正确的引导，从而消除员工的消极情绪。

第八章 打造销售冠军，业绩才是检验团队的标尺

好的业绩依赖于好的团队，好的团队才能出好的业绩，两者是相辅相成的。因此，欲打造一个好的团队首先必须看其业绩。影响业绩的因素有很多，尤其是队员的职业素养、个人品行，以及销售技能等综合能力。

打好三张牌：信息、信用、情感

一个优秀的销售员，倘若想要取得巨大的成功，甚至成为人人羡慕的销售冠军，这需要打好三张牌：信息、信用、情感。

因此一个好的销售主管要培训销售人员注意保持与客户的情感维系，因为人毕竟不是一根木头，理性的生意一旦加进了感情的因素，很多事情处理起来就会不一样。“做人第一，做事第二”，这句话对销售员取得职业成功具有很大的帮助。客户购买产品，很多时候都是为了追求一种情感上的满足，当某种商品能够满足消费者的某些心理需要或充分表现其自我形象时，它在消费者心目中的价值可能远远超出商品本身。因此，销售人员在向客户推销产品的时候一定要会利用情感因素，满足客户的情感诉求。有的销售人员尽管掌握很多产品知识，但是不会巧妙地表达出来，一张口便是产品功能，性能的好坏，这样难免会让客户产生厌烦之情。而如果赋予产品一定情感因素，便可以使得冷冰冰的产品有一种生命力和人性化的特点，给客户一种心理上的温暖。

美国贝尔公司在推销自己生产的电话机，曾有一则经典的亲情广告：

一天，傍晚时分一对老夫妇正在进餐，这时电话铃声突然响起，老太太去接电话。此后她回到餐桌前，老先生问：“是谁来的电话？”

老太太回答：“是女儿打来的。”

老先生惊奇问：“有什么事吗？”

老太太说："没有。"

老先生又问："没事，还用得着专门打电话?"

说完摇摇头继续吃，这时，老太太却开始呜咽地哭起来："她说她爱我们!"

两位老人相对无言，激动不已。这时，广告中出现一句话——"用电话传递你的爱吧!"

这就是贝尔电话公司的一则推销广告，它的巧妙之处在于，利用一个很安宁、很和谐的生活场景，利用电话向客户再现了一种亲情的温馨。带给人一种澎湃的爱的思潮。看到这个广告后，肯定有很多人开始考虑买部电话。

其实，利用客户情感因素，来激起购买欲望是一种推销战术。人最软弱的部分就是情感，只要将感情充分注入其中，就很容易打动对方的心。在推销过程中，找到客户的情感诉求点，能赋予冷冰冰的产品一种人性化的特点。

利用情感诉求诉诸客户的情绪或情感反应，来增加产品附加值，激起客户的怀旧或向往的情感共鸣，以带给他们情绪上的满足，从而能诱发客户对商品的购买欲望，增强客户的购买动机。所以，销售人员要善于在推销中融入亲情、爱情、友情等情感。

以情动人是比较高明的营销策略，把握的不仅仅是顾客的钱袋，更重要的是把握住了顾客的心。倘若顾客的心不变，他就不会被别人抢走。而心理学原理告诉我们，顾客在购买产品的时候，要否定自己的心，需要很大的努力才能说服自己。而当一个聪明的销售员不断地用行动和创意去维系顾客及其感情的时候，这种关系就会变得更加牢固。

1. 个体顾客信息

个体资料主要包括以下内容。

（1）姓名。人们对姓名非常敏感，倘若在姓名上犯错误，可能要付出很大的代价。

（2）籍贯。在销售工作中，利用老乡关系攀情交友，是许多销售人员的成功之道。

（3）学历和经历。对于销售人员来说，了解销售对象的学历和经历将有助于拉近两者之间的距离，而后在恰当的时间，提出你拜访的目的，成交就会水到渠成。

一位销售人员了解到顾客和自己一样，都曾在部队里当过勤务兵，于是当他和顾客一见面，就谈起了收发报，双方谈得津津有味，最后在愉快的气氛中做成生意。

（4）家庭背景。了解顾客的家庭背景，投其所好，对症下药，也是不少销售人员取得成功的法宝。

一位销售人员了解到顾客的儿子喜欢集邮，在与顾客见面时就送上了一些邮票，立刻得到了顾客的好感。

（5）性格癖好。了解顾客的性格癖好，并对其加以赞美，也是一些销售人员博得对方好感的手段之一。倘若你能够做到这一点，也就离销售成功不远了。

一位销售人员走进厂长的办公室，发现厂长爱好足球，然后与厂长大谈足球比赛，最后这位销售人员得到了订单。

销售人员除了要了解上述内容外，还要了解对方的民族、住址、官衔等。

2. 信守承诺，绝不弄虚作假

“颜色太深”“样式太老”“使用不方便”，销售人员在推销的过程中，总是能听到顾客这样的抱怨。而很多销售人员为了尽快实现成交，会把产品的优势说得天花乱坠，忽略产品固有的缺点和不足，甚至百般掩饰和隐瞒。不可否认，很多时候都是顾客的百般挑剔、故意找碴儿，目的是获得更多的砍价砝码，这时可以据理力争。但有时，确实是产品本身的问题，倘若真是这样，销售员就不要强词夺理，故意隐瞒了。

任何一种产品都不可避免地会存在一些缺陷。作为销售人员，正确的态度是学会正视这些问题，敢于承认、敢于面对，不要执意隐瞒。否则，一旦被客户发现真相，即使销售人员再做解释，都很难挽回客户的信任，最终的结果只能是不欢而散。

小马就遇到过这样的情况。当时，顾客看上了一款灰色的西服，可发现有很多褶皱，就打算放弃。小马看到了便十分机灵地说：“小姐，非常对不起，这的确是我们进货过程中的一点失误。这样吧，我给你优惠一点，给你打九折。”

顾客想了想，点点头，小马继续说：“其实，这只是一个小问题，我们平时穿久了的衣服不也这样吗？我给你免费处理一下，不会影响外观的。”

这位推销员非常机灵，看到顾客有购买意向，顾客之所以抓住衣服存在的一点瑕疵不放，就是想以此为筹码压低价格。这位销售人员则顺水推舟顺应顾客的心理需求，不但达到了客户“想压低价格”的目的，而且非常成功地售出了衣服。

很多时候就是这样，顾客会抓住产品存在的弱点大肆渲染，其实另有目的。所以，销售人员遇到这种顾客，必须左右逢源，既不能令顾客失望也不能损害企业的利益，要兼顾客户和企业的利益。

（1）主动说出产品存在的问题。

在顾客看来从来就没有完美无缺的商品，因此，在购买时他们会不自觉地形成一种心理抵触。倘若销售人员一味地夸耀产品的优势，而对产品的不足只字不提，正好激发了客户的心理抵触情绪。如果这样，你推销的产品不仅在客户心中无法得到认同，反而会引起更多的疑虑。

为了避免产生这种疑虑，销售人员在推销时必须主动说出一些产品存在的缺陷和不足。而且在述说的过程中，态度一定要认真，让顾客觉得你很诚恳，值得信赖。倘若这些问题无关大碍，对方往往是能够接受的。

（2）把产品产生问题的原因讲清楚。

产品存在问题，尤其是被顾客提出来之后，一定要把产生这种问题的原因解释清楚。产品的弱点是指在有质量保证的前提下，与同类产品相比处于劣势的那些特点。需要提醒顾客的是，这些弱点有的是为了突出优点而不可避免的；有的是客观原因造成的，完全可以改变的；有的虽然不能马上改变，但是通过努力也可以得到完善。比如：我们的产品之所以耗电量大，是因为我们为了保障产品的大功率，保障在紧急的情况下，我们的产品一样能正常工作。所以，在回答顾客的这些问题时，千万要有所区分。

（3）实话巧说，掌握一定的技巧。

在告诉顾客真相时，销售员并不是要在任何情况下、对任何事情都实话实说。有些问题销售员虽然可以说出，但也最好不要一股脑儿全部抛出；有些问题是销售员不能如实说出的，如商业机密等。关于这些不能说出或者不好说出的问题，销售员一定要格外注意，不要为了博得顾客的一时高兴就信口开河。在说一些问题时，可以采用声东击西的策略，如：“您说的价格问题，其实不是一个大问题，好的产品制造投入自然高一些。试想，假如你花较少的钱买了质量比较差的产品，心里是不是十分郁闷？而我们的产品质量是绝对可以信赖的。”

在推销过程中，每个销售员都会遇到一些特别挑剔的顾客。此时，无论自己所推销的产品是否存在缺陷，最重要的一点就是态度要端正，明确自己产品的优劣势在哪儿。而且，要灵活应用产品的这些优势去弥补弱项，争取让顾客购买。

3. 以情感打动顾客的心

无论什么时候，销售员都需要调动顾客的情感，在维护好顾客利益的基础上，和顾客建立良好的私人关系。在销售职业生涯中，不能积累人脉的销售员可能只会在原地踏步。所以，和顾客的情感维系能力是销售员必须具备的基础能力之一。那些能够与自己的顾客交朋友的人，都是读取顾客心灵密码的高手。因为和一个人进行深度交流，并且积累感情，需要价值观一致才能办到。

对于顾客来说，给他经济上的利益，让他满意，他也不一定忠诚，因为你能给，并不见得你的竞争对手就不能给。单纯通过经济成本维系顾客的企业会发现，付出大量的营销成本后，顾客的保有率还是不尽如人意。原因很简单，你把顾客惯坏了。顾客就如猫一样，哪里有鱼往哪里跑。但是，在获得经济利益的同时，很多顾客还是很关注情感转换成本的，到了别的地方或许还有那么高的经济利益，但是情感利益的缺失，不是一个成熟顾客所愿意看到的。对于这类顾客，或许你能很好地诠释“千里送鹅毛、礼轻情义重”的意义。

★管理学习课★

人人都渴望成为销售冠军，因为它是每个销售员极力攀登的高峰。要想成为销售行业的成功者一定要打好信息、信用、情感这三张牌。掌握了足够的信息有利于实施自己的作战计划，良好的信用往往能够赢得客户的好感，再加上情感的作用，难保顾客不会给你送来一个又一个订单。

销售的不是产品，而是问题的解决方案

大多数企业的销售方法已经过时，企业要做的是卖价值而不仅仅是卖产品，是帮助客户解决一些实际问题，而不仅仅是提供某种产品。今天的市场环境要求销售人员能够准确把握买方所处的销售阶段，了解他们的需求点。

在全球航运业巨亏的背景下，整个行业每天都在打价格战，拼低价。航运巨头想改变船运物流这个行业，改变基于价格竞争的销售模式，进行价值销售，而不是打价格战。大多数航运公司的准时到达率在50%以下，而航运巨头要将这一概率提升到90%以上。

为了实现这一目标，航运巨头需要做两件事：一件事是每天发船出去，不管货物是不是满载，要想得到这样的价值就需要付出相应的成本；另一件事是90%的准时到达率这种价值，能为客户带来什么好处，解决什么问题。在低价的市场环境中以高价销售，客户愿意为"准时到达"付出更高的成本，这就是问题解决方案的价值所在。航运巨头实现了这一革命性的转变，他们建立了销售模型，定义了销售流程，对其销售团队进行了相应培训。

航运巨头受到的挑战是低价恶性竞争，但是它要在这个环境里提价。从低价到高价的过程是十分艰难的，这就要求销售人员向客户阐明高价

的真实原因，证明高价的价值。“准时到达”的服务到底能够为客户解决什么实际问题？需要非常清晰的思路，有的放矢。这种新的销售模式中流程和方法是关键，它搭建起了客户与销售的桥梁，拉近了客户与销售的距离。

在一年的时间里，航运巨头用220万美元的代价换来了1.11亿美元的回报，正在将这种服务推广至更多航点。

航运巨头实现了从产品向价值销售的转型。企业真正实现这种转型，需要遵从以下四个原则：

（1）思考方式转变。脱离产品的思考模式，只考虑“问题”本身。

（2）无论是对内部员工还是对市场的沟通，必须只讨论“解决问题”而不是产品或服务。

（3）和客户的交谈内容有所区别，关注为客户解决什么样的问题，而不是产品本身。

（4）加强“问题关注”的思考和交流模式。

成功的企业绝不是单纯地向顾客销售产品，而是销售顾客需要的价值。著名励志演说家戴尔·卡耐基说过：“天底下只有一种方法，能够使人们立即行动，那就是促使他明白行动的目的和益处，让他明确行动的动机。你越是对顾客强调使用你的产品的好处，顾客的购买动机就越强。”

IBM的营销总裁对他的推销员说：“每个成功的推销员都知道，你卖的不是产品本身，而是产品带来的利益和价值。”

露华浓销售主管对员工说：“你卖的不是唇膏，你卖的是希望。”

这是一个产品过剩的时代，你卖的产品几乎总能在市场上找到同类产品，或者有相似的产品。因此，你推广的产品核心价值必须是顾客强烈需求的、与众不同的核心价值。著名营销专家劳斯·瑞夫斯说：“你必须有明确的、独特的价值主张，让顾客至少有一个理由，将你和竞争对手区别开。”

通用电气的杰夫·伊梅尔特认为，他们出售的最重要的产品是“顾客生产率”。他们派出许多工作小组，与顾客一起工作，开发新的产品与技术，产品定型后，再与顾客一起设计组装工艺和交付模式，最后与顾客一起解决产品使用中的问题。杰夫·伊梅尔特说：“传统的销售已经没有生命力了。”他要求所有的经理必须懂工艺技术，包括财务经理，这样所有部门才能为顾客着想，才能全力提高生产率。

成功销售的真谛是将产品和服务的特有价值，恰如其分地传达给顾客，强化顾客的自我需求，从而促使顾客购买产品。

比如，同样是销售声控玩具，没有经验的销售员只看到产品本身，只强调玩具可以操纵自如、很好玩，可能会给顾客展示一下产品，但他忽视了产品蕴含的、对顾客有益的内在价值。而一个聪明的销售员则说："孩子在操纵玩具的过程中，会培养孩子自我协调、自我控制的能力，有助于形成抵抗外界不良干扰的心理素质；玩这种自控式玩具，更能培养孩子强烈的领导意识。你说，这样的玩具难道不值得买吗?"

再比如，荣昌科技看上去是一个连锁洗衣店，其实，它是一个"尽可能地给顾客提供便利"的社区终端店，是"基于电子商务的家政服务提供商"。它不仅为你取送衣物，还为你收送邮包、买卖生活用品、提供保洁等家政服务。它之所以能够提供各种服务，是因为它有一个支撑众多业务的电子商务系统。

目前，推广核心价值是销售的主要任务。倘若围绕核心价值，增加顾客特别需要的某些附加价值，就能够大大地提高销售的成功率。汤姆·彼得斯曾说："商家的差异化竞争主要在于附加价值的竞争。"

例如，一家旅馆，在为顾客提供产品时，也可以从顾客价值层级的五个层次，考虑如何为顾客增加价值。

第一个层次是提供"核心利益"，即为顾客提供他们真正想要的基本服务或利益。在旅馆里，旅客真正想要的是"休息与睡眠"。

第二个层次是提供"基础产品"，即满足核心利益的基本条件或基本形式。如旅馆的房间、床、浴室、毛巾、桌子、衣橱、厕所、照明等。

第三个层次是提供"期望产品"，即顾客购买产品时通常希望和默认的属性和条件。例如，旅客期望有干净的床、新毛巾、工作台灯和相对安静的环境。

第四个层次是提供"附加产品"，即为顾客增加的服务和利益。如在旅馆里，增加电视机、鲜花、迅速入住、结账快捷、美味晚餐和高质量的房间服务等业务。许多企业为顾客增加的服务包括包装、服务、广告、顾客咨询、融资、送货安排、仓储以及其他方面的价值。

第五个层次是提供“潜在产品”，即为顾客提供意想不到且令人惊喜的服务。如旅馆客人发现了专门为自己准备的糖果或者生日蛋糕之类的礼物，这种“潜在产品”就是一种新的服务形式。

其实，赚钱的途径就是为顾客解决问题，就是为顾客提供免费、完美和即时的解决方案。

IBM 在全球企业界曾提出“问题全面解决方案”营销，它围绕顾客的信息化需求，提出一个完整的解决方案，然后根据方案配置软件、硬件和相应的服务。

施耐德公司积极推行问题解决方案式的销售方法。它将目标顾客从事的行业分为能源、基础设施、工业、楼宇建筑和数据中心五大行业，并根据行业的特点实行定制化功能配置，推出一系列的产品组合，使同类产品具有不同的功能、价格和综合服务方案。

倘若你要想提供问题解决方案，你必须成为具备一定专业知识的专家。你要以专家身份尽量告知顾客专业知识，再由顾客自己判断，这才是建立长期信赖关系的秘诀。

提供问题解决方案，就是要帮助顾客成功。帮助顾客成功有两种方法：一种方法是单纯出售商品，顾客通过使用购买的商品，提高自己的竞争力；另一种方法是帮助顾客研究行业的发展趋势，开辟新的发展途径并成为行业的领导者。

例如，鸿达公司是一家专门提供信息存储、数据保护与安全管理全面解决方案的公司。它为十多个行业、近百家企业的信息存储和数据管理提供服务，让这些用户实现了备份资源整合的目的，提高了这些用户的系统运行效率，使平均无故障时间延长了五倍多，满足了顾客 3 ~ 5 年的扩容要求。

★管理学习课★

客户有了问题就渴望得到解决，很多客户都需要别人来帮助自己解决困难。一个聪明的销售员倘若能够利用好这一点，根据客户的需求提供产品和解决方案，那么他很快就能够获得令人羡慕的业绩。其实，很多时候你销售的不仅仅是产品，更是产品所带来的利益和价值。

必须掌握的七个心理学法则

销售，是销售人员与客户之间心与心的互动。想要达成销售，只具有说服力是远远不够的，最关键的还是要打动人。因为，客户的需要是通过他们的内心来体现的，作为销售人员，如果无法及时有效地去感受对方的心理，就不能很好地满足客户的需求。从这一角度来讲，销售必须掌握心理学。

某公司的营销员小王曾经接待过一位年长的男顾客，当时他来店里购买剃须刀。顾客在讲述他之前的剃须刀如何不好用的时候，用手频繁地做刮胡的动作，小王最初没有注意到这一点，只是看着他，然后对其介绍产品的特点和功能，但顾客的兴趣似乎不是很大。只见他越说越没劲儿，态度越来越冷淡。

突然小王在讲解的时候，无意识地做了一个类似于顾客之前刮胡子的动作，顾客顿时眼前一亮，立刻回应道："就是，就是这样……"这句激动的回应使小王敏锐地意识到模仿顾客的动作，会得到顾客良性的反馈。于是在接下来的交谈中，小王特别留意顾客的肢体语言和表情，并尝试着模仿。

还别说，小王很快就发现与顾客的距离拉近了。顾客好像找到了有共同语言的人一样，在向对方倾吐以前刮胡子的烦恼和对今后刮胡子的期望。聊着聊着，顾客发出爽朗的笑声，买了剃须刀之后。顾客迟迟不肯离去，依然和小王在那里闲谈。

这次的新发现给了小王很大的启发，他特意利用周末的时间，到书店查找有关身体语言的书籍，发现里面有关于模仿顾客动作能引发共鸣、拉近距离、增进好感的作用。从那以后，小王在营销过程中，经常运用模仿的招法讨得顾客的"欢心"，他的小店业绩比原来好了很多。

当你模仿顾客时，能向顾客传达出这样一种信息：他跟我有共同的经历，有共同的体验。于是两人就像是“难兄难弟”一样，彼此间就有了共通性，说话的时候也就更自然、更加兴奋了。因为顾客会把你当成理解他的人，如此一来，怎么会不增加对你的好感呢？

销售，需要很好地把握客户的心理活动，只有你先了解客户心理，才能叩开客户的心门，同时，可以轻易而圆满地把产品卖给每一位和你谈过话的未来客户。你晚上睡得香甜，早上起来心情愉快，而且整天都跟大家相处融洽。你之所以能够获得成功，主要是因为你符合下列心理原则。

1. 因果法则

第一个心理法则就是苏格拉底的因果定律，又称因果法则。这个法则非常深奥且十分具有影响力，所以又称为人类命运的“铁律”。它几乎可以用来解释所有发生在你身上的事情。简单地说，因果法则是指每项发生在你生活中的事，必定有一个或多个发生的原因。它的意思是，倘若你想要了解生活中发生的任何事情，或者想对它有更进一步的了解，只要你能将其定义清楚，你就可以追究出原因，并进而在其他事情上运用这些原因。成功的销售是一个结果，它往往会有一个特殊的发生原因。假如你发现某人在销售上非常成功，而你也模仿他做同样的事情，你就会得到相同的结果。假如你在任何一个领域里种下同样的因，你将会得到和别人同样的果。这并不是奇迹，不是靠好运气，也不是“天时地利”所决定的。

因果法则对你职业生涯的含义是，假如你要成为行业中最成功、收入最高的销售人员，你就要去关注其他高收入、高成就的销售人员所做的事情，并且努力学着去做。假如你能够不断去做得和他们一样好，你最后也会得到同样的结果。

与因果法则相反的是，倘若你一心向往别人的成就，却不去管他们成功的原因，你就无法得到同样的结果。但大多数从事销售工作的人都不太了解这项简单的法则。他们认为自己可以晚点上班，懒散工作，慢慢喝咖啡以及享用午餐，花大部分时间去交际应酬，看报消磨时间，然后早早下班——却也能够赚很多钱享受生活。他们并不了解因果法则分分秒秒都在引导人走向成功或失败。而成败完全取决于如何把这些法则运用到销售活动上去。你要了解积极心态对销售成果的重要性，而你的态度也会受到因果法则的影响。

倘若你的做法像其他积极的人一样，你就会有积极的态度。这和你每天到健身房锻炼身体一样。你会得到和其他人同样的运动效果。你不会对运动效果感到意外，或认为这是一种奇迹和好运。这只不过是因为你遵守了因果法则而已。

2. 耕耘收获法则

这是一项由因果法则导出的法则，也被人们称作报酬法则。爱默生在他的散文《报酬》中写道：每一个人会因他的付出而获得相对的报酬。这表示不管你耕耘的种类多与寡，你永远会因付出与努力获得相对的报酬。你今天的收入就是过去努力的报酬。倘若你要增加报酬，就要增加你的贡献价值。你的心态、快乐与满足感，是耕耘心态的结果。倘若你将许多思想、远景、成功的意念、快乐和乐观放进心里，就会在日常活动中得到积极肯定的经验。倘若你辛勤工作、严于律己、坚定心志、不屈不挠，你就会得到相对的尊重、地位、肯定、销售上的成功、经济上的成就。要收获，就要先耕耘。

耕耘收获法则的另外一个必然结果，称为超额报酬法则。这个法则是说，伟大的成就多发生在那些有多进少出习惯的人身上。他们会以加倍的努力得到回馈。他们一直找机会去超越预期目标。而且由于他们一直得到超额报酬，他们也会一直受到雇主及客户的加倍赞赏，并且因为销售非常成功而获得相当的报酬。你生活中的主要责任就是要把因果法则（及其必然结果）紧密地应用到自己及行动上面，不管别人是否在看，你都要坚信这个法则必定有效。你的工作就是去种下你期待欢乐生活的种子。倘若你做到了这一点，必定会获得并享受你所期待的收获。

3. 控制法则

第三个应用在销售上的心理法则是控制法则。这条法则是说“你实在太欣赏自己了，所以你觉得可以完全掌控自己的生活。”与这个法则的相反状况就是，你对自己不看好，所以没有办法完全掌控自己的生活。

心理学家称这种情况叫作“控制领域”理论。你的快乐程度完全取决于你在生活的重要领域中能够有多少控制力。当你无论做什么事，都有做自己命运主人的感觉时，你就是世界上最快乐、最有自信的人。

发展并维持控制感，这种感觉，对你想培养积极乐观的个性而言，是非常重要的。你马上就会发觉，因果法则和控制法则是相互搭配的。因果法则是说，每件发生的事情背后必有理由，没有一件事是偶发的。倘若你能够完全掌握你所期待结果的原因，就可以完全掌握自己的生活。你就可以利用这些和成功息息相关的原因来创造积极的心态。

4. 相信法则

有关销售的第四个心理法则就是相信法则。这就是说你所相信的任何事，只要投入感情，一定可以实现。相信法则是说，你不见得会认同自己所看到的一切，但你一定会认同决定去相信的事物。你的信仰有时候会在一定程度上左右你的现实生活。你的态度会符合你内心深信不疑的信仰与观念。事实上，你只需要看看别人做了什么，就能够分辨出他们的信仰是什么。

你不是由一个人表面上说了什么话、有过什么期望、写出什么文字、许下什么心愿、表现什么企图，就能够判断他的信仰。这不过是他表现在外的行为而已，只有一个人真实的行为才能透露出他真正的信仰是什么。相信法则也可以反过来说，由于你的行为是内心信仰的表现，你能够控制你的行为，那么你就能够间接地塑造及控制你的信仰。就像你用举重来锻炼肌肉一样，你要让你的行为与你想建立的信仰相符合，最后才能够建立起这样的信仰。

举例来说，倘若你确信你的目标就是要在销售行业大展宏图，而且你的举手投足、言谈举止都完全像是成功人士，那么，你一定会形成销售高手的心态。一旦有了这样的心态，就会开始得到相同的结果。这时，你的信仰就实现了。很多人都说："当我开始销售成功，财务宽裕时，我就会大量投资去学习如何让自己获得更好发展。"其实，这是一种悲哀的误解。想先看到成果才去探究原因，想先看到现实才去建立相关的信仰。倘若一个人能够真正相信他的销售成绩会获得极大的成功，就应该不断地投资在自己身上，下决心去变得越来越好。

倘若一个人不肯投入以提升他的技巧、说服力、行动力，那么他就不会真正相信自己能够获取成功。缺乏信仰会造成负面效果，正如同积极的信仰会造成正面的效果一样。自我设限是一种最危险的信念。这种对自己怀疑与惧怕的信念将会阻挠你获得期望的成功。这是一种对自我能力、才智、外表、创意、体力及技巧的否定看法。你只要怀疑自己，让自我设限的想法阻挡进步，你就增强了这种负面信念。而越是这种自我设限的行为，这种负面的信仰就会变得越来越强大。

5. 专心法则

销售的第五个心理法则是专心法则。其意义则是“心中念念不忘的东西，会在生活中成长扩大”。这个法则就是说，你越是想一件事，你的心思就越会被它占据。倘若你对某事想得够多，它到最后一定会主导你的思想并且影响你的行为。

这个法则是一把双刃的利剑。倘若你不忘你的目标及期望的成就，这些思维就会主导你的所作所为。倘若你真想要增加销售的绩效，你就会发现自己其实正在做一些能够达成期望的事情。你越是专注于你所要的东西，你就会越执着、努力地去得到它。你想得越多，你的目标就会更快地在你的世界里出现与扩大。

专心法则是因果法则、控制法则，以及相信法则之下的自然从属法则。成功者就是那些不断检讨他们要什么东西的人；失败者就是那些一直把心思浪费在不想要的东西上面的人。结果，成功者能够得到越来越多自己想要的东西，而失败者的收获却越来越少。你一定要把你的偶像以及期望销售成功的类型牢牢地装在自己的心中。善用这个法则，一定要随时思考你要做哪些事、要像哪些人，才会达成心愿。一定要毅然决然地痛下决心，摆脱一切与此无关的言行。

6. 物以类聚法则

第六项法则是物以类聚法则，它会影响你销售活动的每一部分，并且是帮助你决定成功销售及收入的关键。它的意义是“你是一个活生生的磁铁，你无可避免地会把那些和你主要想法一致的人与事吸引到你生活当中。”你的想法会在身旁创造一股心理能量的磁场。

倘若你对自己及产品服务有正面而乐观的评价，就会传播出一种积极的能量，就会有业绩领先、成功开发客户、受人推荐及创造销售机会等连锁反应。你对客户的服务越好，就越能吸引客户接受你的服务，没有一样东西会比成功更具连锁性的。你越成功，就会得到越多。类似的事物会彼此吸引，这是我们生活中最真实的写照。

正所谓物以类聚，你今天之所以会在生活中拥有这么多吸引你的东西，主要是因为你就是这种人。倘若你能够改变心中的主要想法，你就可以改变自己，而在生活中拥有越多。你越热衷于这种想法，这种想法就越有力量来影响你的生活。你对事情越是积极、乐观及热忱，你心理磁场的威力就越大，也越能够更快地吸引那些你要借以达成目标的人和机会到你的生活中来。这是让你随时掌握自己想法的关键。

7. 反映法则

第七项法则为反映法则。这个法则重新阐释了先前所说的各项心理法则。反映法则的意思是“你外在世界反映了你的内心世界”。这是了解人类行为的基本原则，它几乎可以解释你生活中的每一部分。你的外在世界是一面镜子，反映出每一寸真实的你。它不见得会反映出你最渴望成为的形象，或企图伪装出来的样子，它会真实地反映出你真正的自我。

你对别人与环境的基本态度会透露出你起初的个性。一般人对你的反应是你对他们的态度，别人对待你的方式可以说是你对自己和他人态度的一种反射。倘若你希望别人对你好，对你态度积极，那么你一定要对他们有积极的态度。

你的人际关系是真实个性的一种反射。它们会和你的内在心态相互呼应。那些你愿意花时间交往的人，反映出你内在真正的自我。当你变成一个更好的人，你周边的人也会变得更好。经由改变思想的方式，会改变你生活的外在环境。你在行业中成功的高度反映出你所接受的训练、经验，以及对销售员的看法。

倘若你能不断充实并且不断练习，直到你真正相信自己能够把工作做到炉火纯青之时，这种态度就会在你的一举一动中呈现出来，并会反映在成果上。爱默生曾这样说：“你一直自认为是怎样的人，你就会变成那样的人。”你最需要的就是去投入心理健康计划。

这些计划保证你会随时不忘自己要做怎样的人、想达成什么目标。只要你刻意地、有目的地并且有系统地把握你思想的每一部分，就可以完全控制销售生涯的未来。你将在几个月内就能够达成比过去几年更多的进步。而且，你将会使用一种真正的“成功秘诀”。

★管理学习课★

曾有人说，有什么样的心态就会有什么样的人生。因此，无论是销售主管还是销售员都应该学习一点心理学，并且能够将其灵活运用。当你做到了这一点，你就会发现与人沟通已经不是什么困难的事情了，自己的销售业绩也在不断地提高。

销售冠军必须善于开发客户的需求

对于一个销售人员，一个销售团队来讲，业绩就是生命线。在如何提高业绩上，可谓是众说纷纭。但是最核心的一点不会变：抓住客户需求。

我曾参观过这样一家销售公司，印象非常深刻，这家公司实行军事化管理，要求全体员工穿迷彩服，站立开会，会后还定时到门外做操，这也是很多公司振奋士气的一种主要手段。

最重要的还远远不止这些，该公司业务人员的工作激情非常高，给客户打电话推销产品就像舍身炸碉堡一样，一副视死如归的样子，一个又一个地打，被拒绝了接着打；总经理甚至身先士卒，带头做业务。

后来，我在与该公司经理聊天时发现，原来公司的几个高管基本上都是军人出身，董事长是野战部队复员人员，总经理和另一个管理人员是从武警部队复员的。为此，整个公司的管理就带有浓厚的军人色彩，即使平时的言谈、观点都透射出军人的特征。

按理说，这样严格、规范的军事化管理，超强的执行力，公司业绩应该蒸蒸日上，效益大大好于那些普通公司。然而，该公司业绩长期处于一个较低的水平，按照董事长自己的话说还处在亏损边缘。

例子中这家公司为什么会这样，其实现实中这样的例子还有很多，不少业务经理、主管每天喊着抓业绩，最终却没有任何成效。一群能力超群的人，公司有着严格的管理，制度又规范，执行又强有力，偏偏无法做出一流的业绩。这很有可能就是，管理者在管理重点上出现了重大失误，他没有一套有效的管理标准来进行团队向心力的建设。

可见，作为一个销售主管、团队领导人，如何有效地带领团队创造业绩并不是只要你努力就会有收获。甚至只要某一方面工作做得不到位，就有可能导致你颗粒无收。

企业要的是业绩，每当这时就是销售主管、销售经理最为纠结的时刻。可业绩不是喊出来的，而是要找到一条适合团队发展的盈利模式，带领团队脚踏实地去做。我根据自身研究和实践，总结出了以下经验，是关于“抓业绩应该抓什么”的问题——即善于开发客户的需求。

这应该成为所有销售人员工作的指导思想，而且适用于任何销售团队和部门。

1. 抓市场

做销售在某种程度上就是在做市场，只要有了市场，了解了市场，就能抓住客户需求，产品才会有转化为利润的保障。

再回到上面提到的案例，那家公司当时推销的是少儿军训课程，但在联系客户时基本上都是遭到拒绝，这就是缺乏对市场前期调查研究的结果。因为，大多数家长关心的是如何提高孩子的学习成绩，而不是是否要军训。试想一下，该公司如果将这个课程与学习成绩挂钩的话，效果会大不一样。

其实，这就是产品的定位问题，同样的产品定位不同，向客户展示的需求侧重点不同，效果也会大不一样。那么，什么决定产品的定位呢？最根本的就是市场——客户需求，因此在对推销某个产品之前一定要深入市场，了解市场。

2. 抓宣传

有的企业不太重视产品宣传，一般出于两方面的考虑，一是宣传意识不够，二是成本过高。这种想法有很多不合理之处，投入广告对造势有很好的作用。其实，宣传正是对客户需求的进一步刺激和开发。

比如，规模相同的两个公司，销售同样的产品，客户对其中的一家公司有基本的了解，而对另一家公司则完全不了解。这种情况下，他们往往更倾向有所了解的那家公司。毕竟，客户在接受某个产品之前往往有一个熟悉的过程，完全陌生的往往会拒绝。

有些公司在没有任何宣传投入的情况下便开始推销，利用电话，上门拜访等，这实际上相当于在做前期广告宣传，且只能起到广告宣传的效果，离产生实际业绩还有很大的距离。

随着自媒体时代逐步兴盛，做广告不一定要局限于传统的电视、报纸等媒体上，利用互联网，如博客、微博、微信等手段也能起到相当大的宣传作用，而且成本很低。

3. 抓渠道

渠道与客户需求的关系，表现在将需求进一步定位，只有对需求有了准确定位，才能及时抓住。同时，也可将产品或服务差异化，以便更好地满足客户的需求。

很多中小企业，做销售仍是靠业务员一个一个打电话，或者上门拜访，总之仍属于单兵作战状态，缺乏一个系统的渠道铺垫。这样的话，客户需求就大大被分化了，没有渠道就像蓄水池里的水，即使存了很多也无法顺畅地排泄出去。这也为广大管理者提了个醒，在进行产品推广之前一定要先完善自身的销售渠道，然后在主渠道的基础上再辅以电话、上门等形式。

比如，完全可以与小区、学校、企事业单位等消费较为固定的群体合作，借用合作方的信誉度和宣传渠道批量销售。

★管理学习课★

无论你是一个刚起步的小团队的管理者，还是一个已经成熟的、正在高速发展团队的管理者，只要在业绩上遇到了困难，都会存在一个问题：无法很好地抓住客户需求。换个角度想，只要解决了这一问题，销售就能达到事半功倍的效果。

销售冠军必须掌握的网络销售技巧

当网络营销不可避免地成为一种流行而有潜力的手段，那么网络营销就会逐步成为一种职业，相应地营销技巧便也成了销售人员必须掌握的一项技能。无论是传统的销售人员还是新型销售人员，都必须从零开始转变，适应网络营销对销售人员提出的新要求。

某餐具销售员一直采用传统销售方式，每天不是打电话就是跑市场，自微店兴起之后，他开通了一个微店，由于没有太多经验，微店的布局非常简单，全是大幅的图片，除了简单的参数信息，没有更多的文字。为了拍摄出逼真的图片，他费了很大周折，使用最好的拍摄设备，反反复复拍照，并聘请专业人员鉴定。

将所有的照片上传之后，就开始在积累起来的客户资源广为散布，QQ、微信朋友圈等。令他意想不到的是，自发布的第一天起，他不断接到订单，而且越来越多。最大的一笔单子是来自韩国的企业，详细地咨询了很多信息之后，立刻预定了1500套，支付了货款的50%作为预付款，另外50%的费用加工好后支付。

客户在没有看过产品的情况下都愿意付预付款，这是他没有想到的，后来，双方相继用同样的方式做了三笔生意，共计十多万元。无意中他问客户“为什么一开始信任自己”，有的客户说看到图片就有购买的欲望。

经常有人抱怨：“我的商品都是好东西，销量为什么这么低?”在埋怨的同时忽略了一点，图片是不是能吸引客户的眼球呢？同一个推荐页面，均为同质量的商品……在机会均等的情况下得到的结果确是完全不同的。这就是因为图片品质和浏览量之间的关系。图片的质量越高，浏览量越大，同时也意味着成交机会越多。

网络销售是需要技巧的，以传图片为例，在上传照片时不能失真。失真常见的问题有：曝光严重不足、光线灰暗、细节模糊；闪光灯的亮度过高；细节的质感表现不出来；或者拍摄技术不高，不会抓角度等。

网络营销与传统销售不同，买卖双方靠的就是文字和图片。如果这些信息无法吸引对方的眼球，就很难让对方关注你。

1. 掌握产品的发布技巧

网络营销产品基本上都是在网站或微店上虚拟展示。因此，上传的产品一定要配有好的图片，吸引人的文字。同时，要以最好的形式展示给消费者。那些最应该突出的地方，发布得好可以让大家对品牌或产品产生良好的兴趣。

2. 及时更新产品信息

及时更新你的产品，尽量让你的产品信息靠前，这样买家在搜索时会第一个发现你。如果你不及时更新，那么你的信息就会沉到下面去。有多少人有耐心一页一页地往下翻呢？而且很多人都会看好第一页的信息，认为排在前列的公司一定有实力。

3. 设置搜索的关键词

关于关键词，在这里再次明确一下关键词的重要性，那些产品被提及的通用名字和专业名字，客户搜索会经常用到的词语，被称为关键词。很专业的还会带上具体规格。这些词语是链接客户和我们的关键所在。很多负责推广的业务员抱怨效果不好，就是没有把握住关键词，如果搜索关键词的第一页面找不到你的产品，那销售成功的机会就少了很多。

4. 第一时间发现与你产品相关联的求购信息

发现消费者有需求，或明确的需求，或潜在需求，都需要马上第一时间与对方取得联系，确定求购信息。商机不等人，在那么多求购信息中总有适合你的，总有人会与你合作，不要因一两次的不成功而失去信心。

5. 交谈用文明语言

与客户在网上交谈，一定要保持文明用语，保持企业形象，因为你就是代表着公司，代表着品牌。及时回复相关留言与信息，让客户感到你公司的正规（因为一般公司网络都有专人负责），公司对客户的重视。耐心地回答咨询者的问题，而且在回复时一定要用客气与尊重的语气。

6. 电话回访

注意对有意向的客户定期或不定期地进行电话跟踪或电话回访，如果不跟踪，客户会把你遗忘的，但这也一定要把握好尺度，也不可过于频繁。

7. 利用软文广告

必要时需要写软文广告，软文的形式是提供某些行业标准或产品标准，在其中注明提供者资料和联系方式。能够做到这一点的基本都是行业精英，当然，也可以在法律和道德允许的范围内，创造有价值的新闻。

★管理学习课★

一个合格的销售人员，必须具备一些基本的素质，如心理素质、品格素质、技能素质等。但对网络营销人员来讲，只有这些还远远不够，还必须有一定综合性的销售技巧，这些技巧主要体现在对互联网运用的熟练程度上和对用户需求的把握上。

能说不算本事，会听也不是高手，善问才是冠军

在销售中，能说不算本事，会听不是高手，只有善问才是冠军。一个优

秀的销售员只有懂得巧妙地提出问题，才能够把和客户之间的谈话导向自己所希望的那种结果。因为说服的艺术并不在于你来我往地各抒己见，而是隐藏于一问一答的过程之中。提出相应的问题，可以引导你的谈话对象去仔细地思考，然后说出他的意见与看法。

销售员不必太在意自己是否有理，应秉持的原则是与客户共同寻求解决问题的答案。通过提问，我们可以得到很多意想不到的收获。

午餐店来了一对夫妇，大概50多岁，一个打扮得十分绅士的先生扶着太太，显然太太的腿不是很好。这时热闹的午餐店里已经没有了空位，吉姆赶快让出了自己的位置让太太坐下，并且非常关心地问太太："这位美丽的女士，您的腿似乎不太活泼……"

太太笑着答道："呵呵……除了我的先生，现在已经没有人会称呼我'美丽的女士'了……不过，我年轻时时常会听到这样的称呼。就是因为年轻的时候爱美，爱挑战，经常去冬泳，在寒冷的冰水中，我感到十分自豪。你知道吗？那是我最享受的年华，在水中，我与冰块一起漂浮……"

"哇哦，我可以想象您就像条美人鱼，收到身边的人喝彩……"

"呵呵，是啊，我就是在喝彩声中爱上了冬泳……但很遗憾，在我40岁的时候，医生告诉我说，我的腿被冰水冻坏了，不能再游泳了。所以，即使现在我不再游泳，每年季节变换的时候，我还是无数次地想要把腿锯掉，因为那种疼痛令人难以忍受……"

吉姆一脸遗憾地说："哦，上帝收回了他的关爱，想让您休息一下。不过，这样的情况确实会给您的生活带来很大的不方便。哦，上帝，我想假如能够减缓这种疼痛，生活会更加美好。"

太太一脸的失落，很显然，倘若可以……然而所有的方法他们几乎都试过了。

"哦，对了。我想也许我能够帮到您……这是我的名片，我所销售的产品是一种复健器械，它可以帮您减缓疼痛，并且可以慢慢地帮您从痛苦中解脱出来，让您不再痛恨您曾经与鱼儿一起做伴游泳的腿……"

这对夫妇的眼中顿时绽放出了光彩，向吉姆咨询这种医疗器械，并且毫不犹豫地向吉姆购置了一台。并且，此后在每个美好的周末，绅士都会邀请吉姆到家中去享受美味的晚餐。

那么，吉姆的成功在哪里呢？不知道你有没有发现，吉姆之所以会成功就是因为吉姆善于向客户的“疑难问题”进攻，从客户最困难的地方入手，帮客户解决问题。作为一个老练的销售员，他往往会问客户许多问题，对客户面对的难题更加关心，而不是刻意地和客户套近乎，用一些与客户毫无关系的话题拉近客户的距离。

为什么从客户的困难处着手发问会更加有效？我们现在可以分析一下这个问题。

倘若给你三种商品：空调、手机和轿车，这三种商品之间并没有太多的联系，但是对于消费者来说却有很大的作用。比如在炎热的夏天，空调能够帮助人们避过太阳的考验，让人们在舒适的环境下工作，从而提高工作效率。手机可以快捷地让你联系到你想要找到的人，或者让别人快捷地找到你，提高你的业务量。汽车可以让你随时去你想去的地方，解决你交通上的问题。

所以，这些东西的存在首先是为了解决问题。而这些都是你成功进行销售的基础。

一名优秀的销售员是会问问题的销售员，让客户说出自己的烦恼，销售员的目的是帮助客户解决烦恼。如此才会提高工作的效率，让销售走向另一个台阶。

那么，一名优秀的销售员应该怎样提问才能使销售一步步地走向成功呢？

1. 常规式问题

一般在与客户开始谈话时，可以问一些了解客户身份的问题。例如：“老板，请问您尊姓大名？”“7654321 是你店里的电话号码吗？”客户的姓名、电话号码、客户代码等都应该掌握，目的是要获得解决问题所需要的有关信息，以便于问题处理时联系、查询。

2. 肯定式问题

肯定式的问题即让客户回答“是”或“否”，目的是确认某种事实、客户的观点、希望或反映的情况。问这种问题能够让你更快地发现问题，找出问题的症结所在。例如："老板，您在香烟送来，收货时，是否清点?""老板，电话订货时，订货员是否与您核对?"这些问题是让客户回答"有"还是"没有"。倘若没有得到回答，还应该继续问一些其他的问题，从而确认问题的所在。

3. 征求式问题

让客户描述情况，谈谈客户的想法、意见、观点，有利于了解客户的兴趣和问题所在。对于有结果的问题，问问客户对提供的服务是否满意，是否有需要改进的地方、如何改进等，这非常有助于提示客户，表达我们的诚意，提高客户忠诚度。

4. 询问式问题

单刀直入、观点明确地提问能使客户详细地讲述你所不知道的情况。例如，你可以问："老板，当电话订货延误或出现错误时，您会怎么办?""老板，当客人要买的香烟品牌没有时，您会怎么办?"这常常是为客户服务时最先问的问题，提这个问题可以获得更多的细节。

5. 澄清式问题

对于客户所说的问题，有些是必须要给予澄清的。在适当的时候，以委婉的询问，澄清一些诸如规定、政策、信息等。例如：国家对卷烟计划的限产规定、卷烟计划的调拨期限。这有助于解疑释惑，澄清事实，减少不必要的麻烦和争论。

★管理学习课★

能说、会听是做销售工作必须具备的能力。销售员在做销售时，善问显得更为重要。一个聪明的销售员要学会如何提问，从而对顾客进行循循诱导，使谈话朝着有利成交的方向发展。

学会在拒绝中坚强地成长

很多销售员都觉得压力很大，实际上这些压力就是来自被客户拒绝，使自己的信心遭到巨大打击。心理学上这样认为，一个人在面对陌生人或事物时都会心存疑虑。客户在购买产品的时候，很多人都会具有这样的心理。是否购买产品，犹豫不决，或者寻找各种理由来解决。其实，这些理由并不全表示拒绝，而是一种心理暗示——“我不相信你，我不信任你”。遇到这种情况，作为销售员不应直接去反驳，而是要根据特定的情景，旁敲侧击，从侧面入手，帮助客户消除内心的忧虑。

斯通还在上中学的时候，就开始试着去推销保险了。他来到一栋大楼前，以前卖报纸时的情景又浮现在他眼前，他一边发抖，一边安慰自己：“假若你做了，没有损失，还可能有大的收获，那就马上下手去做。”

他走进大楼，假如他被踢出来，他准备像以前卖报纸被踢出餐馆一样，再试着进去。但这次他没有被踢出来。每一间办公室，他都去了。他的脑海里一直想着：“马上就做！”每一次走出一间办公室，没有收获的话，他就担心到下一个办公室又会碰到钉子。不过，他毫不迟疑地强迫自己走进下一个办公室。他找到一个秘诀，就是立刻冲进下一个办公室，就没有时间因感到害怕而放弃了。

那天，有两个人向他买了保险。就推销数量来说，他是失败的，但在了解他自己和推销术方面，他有了极大的收获。

第二天，他卖出了4份保险。第三天6份。他的事业开始了。

20岁的时候，斯通自己设立了只有他一个人的保险经纪社，开业的第一天，他就在繁华的大街上推销出了54份保险。有一天，他实现了令人几乎不敢相信的纪录——122份！以一天8小时计算，每4分钟就成交一份。

1938年年底，斯通成了一名拥资过百万美元的富翁。

斯通说自己成功的秘诀在于“碰到挫折后，永不放弃”的精神。他还说：“倘若你能够以坚定的、乐观的态度面对挫折，你一定能从中找到好处。”

在销售行业，的确如斯通所讲，能做最多的生意、得到最多的客户、销售最多的商品的，永远是那些不灰心、能忍耐、决不在困难时说出“不”字的销售人员。每一个销售人员，都应该努力使自己成为这样的人，而不是与之相反。

拒绝是人在接触陌生人或新事物时一种自我保护心理。对于你本人来讲，这未免不是一件好事。试想，倘若你的客户只是坐在椅子上，对你的介绍不闻不问，甚至只是在那里埋头看报纸或文件，那你恐怕会感到非常尴尬。

由此可见，拒绝是销售过程中普遍存在的一种现象。对销售人员来讲，必须坦然接受，并积极面对。当事情无法改变时，我们只能改变自己的态度。改变对“拒绝”的态度就可以获得成功的机会，不改变则会陷于失败。

由于种种原因，人们往往对陌生的销售人员有些不欢迎；但是，当他们遇到有忍耐精神、谦和礼貌的销售人员时，情况就不一样了。他们知道，有忍耐精神的销售人员是不容易打发的；他们常常由于钦佩那个销售人员的忍耐精神而购买他的商品。

所以，只要认定了目标，不管实现它是容易还是困难，不管自己高兴还是不高兴？全力以赴去做的人，总能获得最后的胜利。现实中，很多销售员一遇到困难不是去努力解决，而只是寻找借口推卸责任，夸大任务的难度，抱怨上司分派工作的不公。这样的人很难成为一个优秀的销售人员。

每个销售员都应该明白：不管什么时候，意志坚定的人总能在社会上找到自己的位置。人人都依赖那些为事业百折不回、能坚持、能忍耐的人，愿意与他们合作，因为坚定的意志能产生牢固的信用。当你明白了成功是用失败堆积而成的时候，你就会在遇到挫折或困难时正视它，并努力去克服它。即使一时解决不了，只要坚持下去，终有一天成功会光顾你。

那么，一个优秀的销售员究竟应该怎样去做才能够克服恐惧心理，并且能够非常坚强地迎接顾客的拒绝呢？

1. 自信

自信是事业成功的基础。相信自己能战胜一切困难。有了这种职业自信心与自豪感，你就能够放下恐惧，勇敢地面对陌生人。

2. 大声说话

销售员与客户初次会面时，不妨尽量放开声音、大声说话，偶尔幽默一下，这些都会使你紧张的心理得到放松，恐惧心理也就被抛到九霄云外了。

3. 寻找优点

任何人都有自己的优点，关键是看你能否发现它们。所以，在初次和陌生人会面时，请想一想自己的优点，即使是不足为外人称道之处，也可以采用自我扩大的方法，将其扩大成足以自豪的长处，而将那些无言的自卑抛于脑后，以此消除恐惧心理。

4. 心情放松

生活中难免会发生一些令人不愉快的事情。但请你千万记住：不愉快的情绪会带给对方不好的印象。因此，在和客户会面时，一定要抛除杂念，使自己充满活力、神采飞扬，把自己鲜活的一面展现于人前。

5. 摆正心态

销售员很容易畏惧客户的地位、头衔，心理上会不自觉地产生压力。其实，你完全可以让他们退去那些耀眼的光环。想一想他们肯定也有着人性脆弱的一面，同样是人，你为什么要惧怕他们呢？这样，自己紧张的心情就会轻松下来。

6. 神态自然

凡事欲速则不达，做什么事都要掌握一个度，过犹不及。所以，在初次会面时，不要把得失看得太重，只要能与对方建立良好的关系，甚至争取到再次见面的机会就够了。

★管理学习课★

销售员在做销售时，遇到顾客的拒绝是很正常的事情。面对此种情形，有的销售员便选择了临阵退缩，甚至对自己的能力产生怀疑，这种态度是非常不可取的。其实，销售员要以平和的心态来对待得与失，并且时时刻刻懂得反省自己并努力改进自己的工作方法。

善用销售工具，做到销售立体化

俗话说："工欲善其事、必先利其器。"就是说我们做任何事情之前，要先准备好合适的工具。其实人类社会的发展，就是因为工具的快速发展。蒸汽机的发明，人类进入工业化时代。互联网的发明，人类进入了信息时代、智慧时代。这时，人们常常提到销售工具。那么，销售工具包括哪些呢？对此，有人或许并不明确，其实在我们身边就有很多，举个简单的例子。

乔·吉拉德有一个非常好的习惯：只要碰到人，马上会把名片递过去，不管是在什么地方，大街上、商店里，他认为周围的人都有可能买他的车。

"这是我的名片，你可以选择留下，也可以扔掉它。如果你留下它，就会知道我是干什么的、卖什么东西，这样你就能认识我。"这是乔·吉拉德常说的一句话，事实可想而知，大部分人扔掉了他的名片，但同时也总有一部分人记住了他。

乔·吉拉德通过"名片"让人知道自己是干什么的，自己所做的事情。因为推销的要点不是推销商品，而是推销你自己。

在大街上发放自己的名片，看起来是件很愚蠢、很尴尬的事，然而，正是这些显得很愚蠢的事情，成就了成功和有钱的人。他们用名片，留下了自己的味道和痕迹。

销售工具就是与销售过程相关的、能够影响销售结果的、与客户相接触的、辅助销售人员向客户传达公司品牌形象、企业文化、公司实力，以及传递客户利益点、说明产品优势和性能等的文件、资料、空间展示、声音图像或多媒体等载体。或者简单地说，销售工具就是协助销售人员达成交易的各种传播载体。

1. 客户名单

在销售中，名单是我们一切事情的开始，做大生意的人，肯定是拥有一份大名单的人。高科技的时代，有很多工具可以管理人员名单，简单的可以制作表格，高级一点的可以在自己的电脑里面安装一个专业的人脉管理软件。软件的好处是可以加密，方便管理和查找。

2. 名片行销

现在很多销售员做的名片，不但没有效果，而且很多时候是起反效果。上面都是印着自己公司或者系统的称号，别人一看就是做销售的，马上就对你有防备心。正确的做法是正面只印自己的名字、电话、QQ、E-mail、个人网站或者个人博客。

3. 事业或者产品展示工具

做什么事就得用什么工具，没有工具就很难成就大业。不论是销售员还是销售主管都应该选择自己最适合的工具，从而轻轻松松地赢得客户、赢得订单。

其实销售就是去激发别人的需求，去说服别人相信我们所说的都是真的而不是虚假的，要去说服别人最重要的就是用详细的资料和见证，简单的商务笔记本就可以帮助我们做到这些。

4. 参加线下团队或公司会议必备工具

销售主管参加公司大会千万别空手去，因为你的任务不光是自己去学习，还要回来传达。所以，随身带着摄像机和照相机是很有必要的。还要带个移动硬盘，方便随时从老师或者其他领导人那里拷贝有价值的资料。最好还带个录音笔，重要的课程可以全程录下来，很多录音笔可以直接录成 mp3 文件，录完直接拷贝到自己的笔记本电脑里面。虽然带了这么多现代化工具，但千万不要忘了记笔记。

5. 互联网行销工具

互联网正越来越变成很多销售员必须争夺的一个市场。通过互联网来建立团队是很有好处的。它具备的优势是高效率和低成本，最重要的是你的潜在对象的数量是无限的。互联网行销跟线下行销相比，虽然人人都可以做到，但是要想起到作用，还是需要更多地学习各种技能。

哪些互联网行销工具是我们必须掌握的？互联网行销最重要的是要有一个展示自己的阵地，建立起你自己的专家地位和信赖感，个人行销博客是必需的。有条件的可以请别人做一个专业的国际域名博客，帮助自己提升形象。

6. 短信和电话行销工具

作为一个销售员，我们的工作就是大量地去寻找对我们和我们的生意或者产品感兴趣的人，倘若我们天天打电话给别人的话，别人会觉得我们很烦，以后可能都不接你的电话。所以，销售员要吸引别人而不是去骚扰别人。特别是现在的 80 后都喜欢短信联系，而不喜欢老是打电话。所以，你可以去购买一个短信群发的软件，这样你便可以精心设计自己的短信，有温暖人际、有关心伙伴、有陌生开发、有搞笑等。

7. 网络会议工具

现在很多团队都开始建立自己的互联网培训所需要的网络会议室。网络会议的平台很多，收费的有新浪 UC，有视频，音质还不错。呱呱视频也有收费的视频会议室。免费的网络会议工具有 YY 语音，缺点是没有视频，优点是音质非常好，而且人数没有限制。

8. 一部高档手机

比如 iPhone（苹果手机），好处是这个手机可以随时上网，随时报单、查业绩，还可以随时聊QQ，群发短信等。而且高质量的手机可以代替照相机、摄像机、录音笔等很多电子设备。谁都不想出门带一大堆的电子产品。倘若没有这么一款高档手机的话，卡片式相机、录音笔是要随身携带的。方便随时随地学习和拍摄重要的照片。

★管理学习课★

做销售有自己的工具，不同情景之下使用不同的工具，在这里我们没有必要渴求一致。但是，作为一名销售员就应该掌握一定的销售工具，尽力用好它们的长处，从而为自己取得优秀的成绩打下坚实的基础。

网络销售有效沟通的四个原则

销售最主要的工作就是沟通，通过与客户的沟通，双方才有初步的了解和认识。再加上，网络营销因双方互相看不到对方，所以常常给人以比较虚幻的感觉。为了促成交易，沟通扮演重要角色，沟通是卖家与客户之间信息传递的一个过程，销售人员与客户之间良好的沟通可以增加相互之间的信任。

以淘宝上某汽车内饰品小店为例。

该网店的销售人员几经沟通，总算与客户达成一致，对方接受了建义。但最终还是没有决定购买，开始打退堂鼓。该销售人员没有说“真的很适合，您就不用再考虑了”这类的话，更没有说“那好吧，欢迎您考虑好了再来。”这些牵强附会，空洞的话，根本没有什么说服力。给人以没有做任何努力，并且还有驱逐客户离开的感觉。

他是这样说的：“是的，亲有这种想法我可以理解，毕竟买一件好产品也得好几百元呢，肯定要与家人商量一下，这样买了才不会后悔。这样好吗？您再看一会儿，我多介绍几款给您，您可以再多看看，多比较一下，这样考虑起来才会更加全面一些。”

该例子中这位销售人员首先认同顾客这种说法的合理性，争取顾客的心理支持，然后以此为理由顺理成章地为顾客介绍其他几款产品，目的是延长顾客的留店时间、了解顾客的真实需要，建立双方的信任基础。

对于网络营销而言，只要沟通到位就基本上可以成功，而沟通的成功与否在于是否遵循一些必要的沟通原则。具体如下：以淘宝网为例，分析网络销售员与客户沟通时需要遵循哪些原则。

1. 礼貌性原则

当有客户响应时，必须先问好，进门可归结为一个字，就是“迎”。“迎”是指迎接客户的艺术，良好的第一印象是成功的沟通基础，无论是售前还是售后服务，“迎”的失败都会影响到结果。

及时问候：客户进入网店后不管采用哪一种方式进行询问，网络客服都要在第一时间向客户问候，例如：“您好！”“欢迎光临！”“感谢您的惠顾！”

微笑：报以微笑的表情，微笑是生命的一种呈现，也是工作成功的象征。说话时都要轻轻地微笑。哪怕只是一声轻轻的问候也要送上一个真诚的微笑。

表情自然，心态平和：虽说网上与客户交流是看不见对方的，但言语之间是可以感受得到你的诚意与服务的。加与不加给人的感受完全是不同的，不要让冰冷的字体语言遮住你的表情。

2. 及时性原则

在做到“迎”好客户之后，就要注意沟通的及时性。因为这个时候通过初步沟通，客户可能会产生一些异议，为很好地处理这些异议，就必须及时与对方沟通，在沟通的过程中，对客户提出的各种问题进行解释，如果对方有异议可及时消除。

例如：客户说我要考虑一下，这时，你可采取询问法，通常在这种情况下，客户对产品感兴趣，但可能是还没有弄清楚你的介绍，或者有难言之隐不拍板，再就是推脱之词。所以要利用询问法将原因弄清楚。

再如，客户说：太贵了。最好的对策是采用比较法，与同类产品进行比较。如：市场××牌子的××钱，这个产品比××牌子便宜多了，质量还比××牌子的好。或者，与同价值的其他物品进行比较。如：××钱现在可以买好几样东西，而这种产品是您目前最需要的，现在买一点儿都不贵。

3. 有求必应原则

并不是每个客户都会有购买，对方给你聊天也许只是来了解了解，或者咨询一下。这时，作为网络销售员同样需要认真接待，有求必应，迎接客户之后要准备接待客户的咨询。为了更高效率地为客户提供咨询，要根据日常工作经验收集和设计好一些专业的沟通话语，并预先将其设定为固定快捷短语备用。

好的快捷短语集结了在我们的日常工作中，涉及频率较高的、经验证实有效而可行的问题回复方式。

这类话可分为两种：一种是我们预先设定好的话语，比如说遇到客户议价的时候怎么说，客户呼入进来回复的第一句话怎么说，客户对商品功能有疑问的时候又怎么说，这些都可以按照以往的经验做成固定的短语；另一种是在参加大型促销活动的期间，当某个问题成为一个共性问题的时候，我们就要设定一个快捷回复来统一客服对外的话语。

快捷回复的设置能够有效优化我们的售中沟通技巧和沟通效果，可以缩短客户的等待时间，大大提升成交的概率。

4. 针对性

沟通要具有针对性是指进入产品推荐阶段后，需要根据用户需求进行有针对性的推荐产品，能根据客户的需求方向灵活交流，继而要引发这个客户对产品的兴趣，并且根据他的反应调整推荐产品的方向。

任何一种沟通技巧，都不是对所有客户一概而论的，针对不同的客户应该采用不同的说话技巧。客户对商品了解程度不同，沟通方式也有所不同。

（1）对商品缺乏认识，不了解：这类客户对商品知识缺乏，对客服依赖性强。对于这样的客户需要我们像对待朋友一样去细心解答，多从他的角度考虑去给他推荐，并且告诉他你推荐这些商品的原因。对于这样的客户，解释得越细致越有可能促使他下单。

（2）对商品有些了解，但是一知半解：这类客户对商品了解一些，比较主观，易冲动，不太容易信赖别人。面对这样的客户，销售过程实际上就是卖家与客户之间不断沟通的过程，因此客服沟通交谈与销售技巧的运用对促成订单至关重要。

（3）对商品非常了解：这类客户知识面广，自信心强，问题往往都能问到点子上。面对这样的客户，要表示出你对他专业知识的欣赏，表达出“好不容易遇到同行的了”，用商量的口气和他探讨专业的知识，给他来自内行的推荐，告诉他“这个才是最好的，你一看就知道了”，让他感觉到自己真的被当成了内行的朋友，而且你尊重他的知识，你给他的推荐肯定是最由衷的、最好的。

★管理学习课★

对网络营销人员来讲，由于网络虚拟的特性，沟通技巧就显得更为重要，掌握必要的沟通原则对促成订单起着至关重要的作用。

附录一

优秀销售主管的六种能力

1. 专业能力

作为一个销售主管，应具备的第一项素质就是超强的专业能力和扎实的专业知识。这是从事业务和团队管理的基础。毕竟销售主管是最基层的管理人员，上要对直接上级、企业相关领导负责，承担起提高团队业绩的重任，下要对下属负责，直接指导每个队员实际工作，甚至必要时候能够代理下属做实务工作。

那么，销售主管的专业能力表现在哪些方面呢？

了解自己所在的行业，重点是厘清行业与客户购买之间的关系，这层关系可以从以下 4 个方面去分析：

（1）完备的行业知识

当你确定自己将入哪一行时就有必要多了解一下相关的行业知识，包括行业特征、发展现状、市场前景等。

①本行业的基本情况。有许多销售主管素质非常高，在行业内做得非常好，但换一个行业之后就命运突变。其根本原因是对新行业缺乏足够的了解，甚至最基本的了解都没有，这让他无法在新行业中获得长足的发展。

无论做什么行业都必须深入了解其基本情况，包括市场需求、行业特点、行业规范以及运作方式等。对这些有了深刻的了解才能把握市场脉络，一击制胜，如果连最基本的都不知道，那么很难在这个行业做出成绩。

②行业发展趋势和前景。很多客户会这样问：本行业的发展趋势怎样？其前景对你所在的企业有怎样的影响？不少销售主管很难圆满地回答这个问题，因为他们不会花时间去关注这些东西，并且错误地认为行业的发展趋势，

那是领导、主管们的事，与一个普通的推销员没关系。

事实上，在客户看来你就是专家，你就是市场的先行者，他们希望从你这里获得最新的消息，他们的这一心理得不到满足，你的推销无疑是失败的。只有对行业未来的发展趋势作出科学合理的预测，才能预测出产品未来市场的变化，才能实现推销与消费的对接。

③行业新动态。市场经济中每个行业都在不断地发生着变化，这些变化时时刻刻都可能影响行业的发展趋势。销售主管需要时刻关注本行业的最新动态，任何一点新消息都不要轻易放过。一位深刻了解本行业的销售主管，会对本行业动态和走向保持高度的关注，如果你在这方面不够敏感，那么很可能会被竞争对手抛在脑后，被市场淘汰。

（2）系统的产品知识

销售主管欲做好销售，首先必须是某一领域的“专家”，深入了解该产品的基本信息，它的优势在哪里？能给客户带来什么好处？这些问题都是客户最关心的，也是一个产品最基本的知识，销售主管对这些信息应了如指掌，运用自如。

①产品的基本信息。产品的基本信息是产品呈现和传递自身信息的主要方式之一，通过基本信息客户可以对产品有初步的了解。一般来讲，产品的基本信息包括：类别、名称、品牌、型号/规格、分类、计量单位、生产厂家、厂地。

②产品的使用/操作方法。对于大部分客户来讲，他们最关注的是产品的使用价值。使用价值的内容包括具体的使用/操作方法，尽管在外包装和说明书上会有简单的说明，但大部分客户还是喜欢听销售主管亲自讲解或示范，这样会让自己更加直观体验到该产品的效果。

所以，销售主管应熟练地掌握产品的使用/操作方法，重点介绍产品说明书里没有的内容或注意事项。

③产品的优势/特色。在多样化、同质化的今天，产品必须有自己的特色才能被客户关注，这一方面体现在产品的设计、制造上。另一方面就需要销售主管在向客户介绍时抓住特点，突出优势，以加深客户对该产品的印象，在有购买需要时，会第一个想到该款产品。

产品优势/特征是相对于同类产品而言的，销售主管在做推荐之前，需要先认真比较两种产品，找出自己产品的优点和不足之处。对自己优点加以保持，缺点加以改正，知己知彼。

（3）超强的业务能力

一个销售主管是否用心去做业务非常关键，哪怕他过去的经验为零，是一张白纸，只要用心就胜过其他因素，就有可能创造佳绩。最怕业务员不用心，总是吃老本，这样一般都做不好。这项能力的考察主要注重以下 4 个方面：

①信息的收集与分析；

②识别客户需求；

③战略思考能力；

④销售计划与资源协调的能力。

2. 管理能力

对于销售主管而言，与专业能力相对应的是管理能力。当你成为主管的那一天，预示着再也不是一名普通的销售员，同时还是一名管理人员，团队越大，职位越高，对管理能力的要求也越高。

那么什么是管理呢？管理能力体现在哪些方面呢？我们不妨借鉴一下管理学上的定义，按照现代管理学理论，管理是指借着规划、协调、督导、决策、运用管理手段以达成组织目标。

大家最认可的，最容易被接受的管理有计划、组织、领导和控制四项基本职能。

（1）计划（planning）：计划就是确定组织未来发展目标以及实现目标的方式。

（2）组织（organising）：服从计划，并反映着组织计划达到目标的方式。

（3）领导（leading）：运用影响力激励员工以便促进组织目标的实现。同时，领导也意味着创造共同的文化和价值观念，在整个组织范围内与员工沟通组织目标和鼓舞员工树立起谋求卓越表现的愿望。此外，领导也包括对所有员工进行激励。

（4）控制（controlling）：对员工的活动进行监督，判定组织是否正朝着既定的目标健康地向前发展，并在必要的时候及时采取矫正措施。

从定义中可以看出，作为销售主管管理好一个团队，不仅仅要有临场指挥的能力、分配工作能力，也要有决断、监督的能力，也需要你的专业能力。

那么，销售主管的管理能力从何而来呢？一方面来自理论，另一方面来自实践。因此，就要先从这两方面入手，做到理论与实践相结合，那么你离一个成功的管理人员也就越来越近了。

熟读管理学之经典。书要读熟读透，最关键是做熟，这就要靠现场积累了。要提高自己的管理能力，就需要不断地学习系统的管理学知识，不断在实践中琢磨、感悟。

在不断学习的同时，也要善于总结，反思日常工作中的所得所失。领导的能力是生命磨出来的，学习、实践、磨砺是进步的法则。

说到管理，还有一点也是需要注意的，即对管理对象的狭隘理解。大多数管理人员只注重对人的管理，而忽略了对财物的管理。广义上的团队管理包括以下 5 个方面：

①团队成员管理：选、育、用、留；

②团队财物管理：财和物是两个方面，财即财力，包括生财、聚财、用财；物即物力，包括采购、保管、供应、分配；

③时间管理：时间的合理分配和高效运用；

④空间管理：学科领域、技术服务项目；

⑤信息管理：收集、分析、利用和反馈。

3. 沟通能力

团队是一个整体，每个人都是团队中的一分子，由于个性、利益的不同，相互之间必然会发生矛盾。因此，团队沟通也就必不可少，只有实现充分的沟通才能交流意见，才能消除猜忌。

沟通是一种信息或思想的双向传递过程，目的不在于谁输谁赢，而是求同存异，为了解决问题，实现双赢，实现团队利益。

团队沟通包括两个方面，一方面是上下级沟通，另一方面是平级之间的沟通。

（1）具有良好的语言表达能力。

领导者在表达观点时，话语应清晰明白，简单明了，富于感染力。如果难以把信息完整、准确地表达出来，下级则会无法理解，甚至产生误解。

（2）具有良好的倾听能力。

倾听是尊重对方的表现，也是调动对方积极性的有效手段。销售主管在与下级进行沟通时，要善于当听众，注意少讲多听；要有耐性，不要随意打断对方的讲话、妄加评论或心不在焉。

（3）态度虔诚，给员工以尊重。

销售主管在与下级进行沟通时，一定要放下架子，表现得谦虚一些。不妨先做学生，后做老师，要站在下级的立场上想问题，应表现出与对方的共鸣，而不是以权压人，盛气凌人。

①上下级沟通。企业高层或者部门领导的职责之一就是保证“上传下达”的畅通，上下级沟通是团队沟通中的主要内容。比如，下属在工作中存在的问题，下属的思想动态，甚至下属的生活的问题。因此，在正式展开工作前，上级需要及时地去了解，并努力帮助他们排除困难，解决问题。

作为主管你需要懂得去了解、去掌握，严格按照沟通的流程进行。上下级沟通常见的流程包括6个：

第一，明确沟通目的，以及搞清楚沟通对象、沟通的内容及相关概念。

第二，沟通前，可征求他人对沟通内容的意见，从而保证沟通内容的真实性、有效性，也易于获得沟通对象的积极支持。

第三，沟通时要充分考虑社会环境与背景、沟通对象的性格以及其他方面外在因素的影响。

第四，在沟通时，领导者要能控制沟通节奏和沟通方式。

第五，沟通后要设法取得下级的反馈，以弄清下级是否了解沟通内容并采取了相应措施。

第六，根据实际情况，正确选择发指示、命令、演讲、报告、座谈、个人谈话等沟通方式，增加沟通的有效性和针对性。

②平级之间的沟通。平级之间的沟通，要求销售主管要为员工营造一种平等、和谐的环境，促使下属之间多多交流。

4. 培养下属的能力

对于销售主管来说，全力抓好员工培训和队伍建设十分重要。一个部门的强弱，不是主管能力的强弱，而是所有下属成员的强弱。因此，让下属会做事、能做事，教会下属做事，是销售主管的重要职责，培养下属是一项基本的、重要的工作。

团队在发展过程中，必须重视对下属的培养。培养下属最主要的方式就是开展全员、全程式的培训。那么，销售经理如何展开培训才能既简单易行，又效果奇特，切实起到留住员工的效果呢？在培训过程中有这样两点需要特别注意：一是培训内容的选择，二是培训方式的选择。

关于培训，首先需要科学设置培训内容，坚持“干什么、学什么，缺什么、补什么”，就对销售团队来讲主要有3个方面：

（1）团队文化、团队建设方面的培训。

团队文化是团队的灵魂和精髓，是增强员工凝聚力和团队精神的原动力。在进行内部培训时，首先就是对员工进行团队文化、团队价值观的培训。其主要目标是解决员工“适”的问题，员工只有适应了团队的环境，了解了团队的价值、使命，才可能更加认可这个团队，进而热爱自己的职业，与团队同舟共济。

（2）产品知识、工作技能方面的培训。

产品知识、专业技能是员工进行更好工作的前提，只有不断更新知识，才能适应新的工作、胜任岗位工作，适应千变万化的社会。这类培训的主要目标是解决“知”“会”的问题，联合国教科文组织曾有这样一个说法，人才在未来竞争中必须手握有3张牌：文化素质、专业技能、创业本领，这里说的就是一种知识、一种技能，这样的员工越来越受团队的欢迎。

（3）个人人生观、价值观方面的培训。

一个优秀的人才不仅要掌握过硬的专业知识和工作技能，还要有把知识、技能转化为内力的能力。这就需要有健全的心理素质、创新性的思维能力。思维、心理培训，其主要目标是解决“创”“悟”的问题。因为只有有创新能力、有悟性的员工才更有潜力，只有不断创新，才能获得新的生机和活力，因而团队中迫切需要有创造性思维的人才。

其次，选择好的培训方式。有了好的培训内容，还需要以正确的方式传递给员工，很多团队正是因为陈旧的培训模式影响了培训效果。而有些体制比较灵活的团队积极创新培训形式，甚至被同行称为“非正规”“另类”。这些培训方法反而能取得更好的效果。接下来，就揭秘这些新的培训形式：

贴身式的培训：这种培训方式是要求新员工跟随团队中有经验、业绩好的“老员工”一起工作，让其面对面体验、观察“老员工”是如何工作的，从而可从中学到一些知识或新的技能。而且要老员工特意留出一定的时间来解决新员工业务中、工作中存在的问题，并随时回答提出解决办法。这种培训方式在需要手工完成任务的领域较为常见。

这种方式的核心是充分发挥团队中老员工的作用，通过对新员工的“帮”“传”“带”，来锻炼新员工的动手能力，提高他们的观察能力，增加了他们的学识。

度假培训：定期安排业务骨干到某地出差、旅游，与此同时接受短期的学习和培训，当前，很多大型的公司会采用这种培训机会。其实，所谓的“度假式培训”并不仅仅是指以“游玩”的方式让员工提高自己、获得相关的资历。通常泛指以一种更放松的形式进行培训。从这个意义上讲，某些团队派员工到某工厂，或者到某大学进修、参观学习也属于这个范围。

网络培训：即是利用网络对员工进行培训的一种形式。以惠普公司为例，凡是新员工进来之后，公司就会在网上给他一个网络学习工具。通过这个网络学习工具新员工可以了解到整个惠普公司的业务、团队文化等。推而广之，经理人可将培训信息和培训内容放在网上，并定期更新，以便员工随时随地查询和自学。

课题式的培训：这种培训方式是指根据年度、季度或月度业务需要向该员工布置任务，为了完成课题，这些员工就必须相应地学习，也正因如此员工往往在完成课题的同时也完成了一次业务进修。这种带着实际问题的培训是最经济实惠、最直接有效的培训方式。

研讨式的培训：这种培训方式就类似于做游戏，主要以表演、演讲为主。比如，先出一个题目，让准备上台的人准备好后上台演讲，同时把演讲过程记录下来。而后放给他看，让他自己知道什么地方做得好，什么地方做得不好。这种研讨式培训优点在于，能够各抒己见，集思广益，共同提高，效果也是好得奇特。

5. 学习能力

当今的社会是学习型社会，企业是学习型企业，对于我们个人而言也必须是个学习型人才。学习，是工作的需要，是提高工作技能的途径。职场向来有“人才折旧”的说法，知识的更新换代如此之快，一个人不强化学习、吸收新东西很容易被淘汰。

据国内一项统计数据表明：25 周岁以下的从业人员，职业更新周期人均为 1 年零 4 个月，35 周岁以下的从业人员，职业更新率更高达 43%。因此，每个人都必须主动学习，更新自己的知识结构，这已经成为当今职场新人士需求生存的主要手段。

同时，也有人研究发现，大学毕业走出校园 4 年后所学的知识便会跟不上实际需求，一个人的知识的折旧率每年都在 80% 左右，尤其是技术、医药、经济管理等领域。这些数据表明，现代职场已经是一个终身学习的时代，只有不断更新知识、不断提高专业技能，才能适应快速变化的职场，尽量地让自己了解所处的这个行业、所做的工作，以及在工作中推陈出新。

那么，销售主管如何来增强自己的学习能力呢？

现如今是网络、高科技和知识更新频繁的时代，知识已成为生产要素中的一个最重要的组成部分。知识发展一日千里，市场需求千变万化，对人才的需求也在不断变化，从而使得职业半衰期越来越短。

（1）要有目标地学习。

学习要紧紧围绕“当前的工作”或者“未来的发展方向”进行，也就是说，在学习之前，你要知道学习的目的是什么，甚至要清楚三年、五年、十年后的发展方向是什么，要达到什么目的、取得什么样的成果。要想学习有所获，在学习之前必须应该有一个明确的学习目标，然后根据这个目标有步骤、有计划地进行。

（2）要有计划地学习。

有了目标就要落实，而在落实时需要制订一个具体的实施计划。比如，什么时间学，通过什么途径学等，应该有每周、每天的学习计划，以及遇到困难如何去克服，战胜的惰性等。只有有了具体的计划，才能明确方向，保证实施下去，努力去完成。

（3）要有选择地学习。

参加工作以后，每个人的时间都很紧张，每天被大量的工作和应酬充斥着。所以，能抽出时间来学习的人都是难能可贵的，这就需要有选择性地学习，根据自己的情况，选择对自己最有用的、最适合自己的知识，只有这样，你才可能在有限的时间里，掌握更多的知识和技能，以达到充实自己的目的。

学习的目的是应用于工作实践，让知识更好地转换成生产力，从而为自己、为服务的企业做出更大的贡献，创造更大的效益。

总之，要想做一个优秀的职场新人、职业化的职场新人，就必须不断地学习，并掌握正确的学习方法，把工作和学习有机地融合起来，使自己在工作和生活中有取之不竭的动力！

6. 职业道德

但丁说过，“智慧的缺陷可以用道德弥补，但道德的缺陷无法用智慧去弥补。”这说明道德比知识、比能力都重要，一个人可以没有知识、没有能力，但不能没有道德。在职场中，职业道德永远排在第一位。

职业道德，从来没有一个严格意义上的概念，范畴比较广，普遍认为是指从事某种职业所应该遵守的道德规范。比如，不能使用不正当的手段谋取私利；不能接受不应接受的利益；不能泄露公司、团队的隐私；不能损害公司、团队和客户的利益。面对欠缺职业言行应该予以及时制止等。

总之，作为一个主管，不管公司好与不好，不管职位的高低，不管薪水的多少，都要对自己的工作负责，对自己的团队负责。这是最基本的素养，是个人发展的根基，类似那种拿多少钱干多少活儿、做一天和尚撞一天钟的态度是不可取的。

那么，销售人员如何来提高自己的职业道德呢？

（1）树立责任意识。

“天地生人，有一人莫不有一人之业；人生在世，有一日当尽一日之勤。”责随职走、心随责行。无论在什么职位，从事什么样的工作，首先必须树立起恪尽职守、认真负责的责任意识。是否具有高度责任心是体现个人道德品质的标尺，也是自我价值得以实现的唯一保障。

（2）增强尽职履责的本领。

工作中新情况、新问题总是会不断涌现，面对不断变化的形势，新人需要始终保持责任意识，更重要的是，要勤于学习，提高自身能力和素质，时刻能适应新形势和新任务的要求。不学无以广才，无才难以立业，少一些应酬，多一些学习；少一些闲聊，多一些思考，必然少一些“差不多”的消极心态。

（3）追求务实精神。

“道虽迩，不行不至；事虽小，不为不成。”任何一项工作在于落实，在于执行，再小的事都要一步一个脚印地去做，再强的能力也要踏踏实实地去干。定准目标、制定措施，一招一招地抓，招招有着落，一件一件地抓，件件有成效，坚持以事实为依据，实事求是，少讲空话、废话，多办实事、好事。

附录二

世界知名企业销售培训的管理游戏

1. 比比抓手

（1）游戏目的：使团队队员正确认识自己，评估自己的实力，以及在机会的选择和把握上的准确性。

（2）游戏道具：编好号码的乒乓球若干只、塑料袋。

（3）游戏方法：将队员分成数量相等若干个小组；每个参与游戏的队员，事先估计下自己一只手能抓起多少个乒乓球（尽量去抓），并做好记录；统计出最少是多少，最多是多少，以及每个数字的人数又是多少；指导队员随机去抓乒乓球，只能用一只手抓，另一只不能帮忙，每个人只能抓一次，看能抓多少个；将抓到的乒乓球与事先统计的数字对比，看是否有出入，以及出入的多少。

以小组为单位计算得分，不同乒乓球的编号代表不同的分值。

（4）评分标准。

评价标准

数据类型	评分标准
小组成员抓球分值总和	越大越好
小组成员估算抓数与实际抓数的差值的绝对值	越小越好

（5）问题思考：游戏中发生了什么样的情况，为什么？

2. 记忆关键字

（1）游戏目标：利用有效的方法记忆一长串数字或事物名字，通过关联法来提高队员简单、快速记忆关键字的方法。

（2）游戏道具：一个空旷的屋子；10 种位于不同位置的物品。

（3）游戏方法：屋子的 6 个面和 4 个角落分别标注 1 ~ 10，10 个阿拉伯数字。比如，四个角落分别为 1、3、5、7，四面墙为 2、4、6、8，地板为 9，天花板是 10。

要求学员熟练记忆每个数字的位置。如：左面墙是几、东北角是几等。反复记忆，直到准确记住 10 个数字的指向。

给每个数字指定一个具体事物（如下表）：

数字	位置	摆放实物
1	角落	洗衣机
2	墙	警车
3	角落	电视机
4	墙	救护车
5	角落	电冰箱
6	墙	小汽车
7	角落	衣柜
8	墙	运货车
9	地板	一捆人民币
10	天花板	精美吊灯

要求队员记住每个位置与数字相对应的实物，10 分钟培训师随意说出一个数字，队员要快速说出处于什么位置，是什么实物；或者培训师说出警车，队员要快速说出对应的号码，位于什么位置。

（4）注意事项：为了快速有效地记住每个指定的具体实物，这些实物必须有明显的特征，或者过分夸张的视觉效果。比如：洗衣机是太古老的、破旧不堪的。它正在洗衣服，弄得到处是水。

（5）问题思考：设想的东西越有趣，越能轻易地回想起来。关键是如何更好地发挥想象力，把各个位置与实物联系起来。

3. 头脑风暴

（1）游戏目标：人很容易被固有思维和行为模式“套牢”，头脑风暴就是激活队员的激情，培养队员创造性解决问题的能力。

（2）游戏道具：回形针，可移动的桌椅（也可以采用其他物品）。

（3）游戏方法：将全体人员分成若干小组，每组 4 ~6 人为佳。

要求在 60 秒内尽可能多地想出回形针的用途，每组指定一人负责记录想法的数量，而不是想法本身。

一分钟之后，各组汇报他们所想到的主意的数量，然后找出其中“疯狂的”或“激进的”主意。

要求：不允许有任何批评意见，想法越离奇越好。

（4）问题思考：在进行头脑风暴时你有什么顾虑？

你认为头脑风暴最适合于解决哪些问题？

在工作中哪些时候可以利用头脑风暴？

4. 铁河矿泉水

（1）游戏目的：本游戏根据著名矿泉水游戏改编。矿泉水游戏是 1960 年，MIT 的 Sloan 管理学院所发展出来的一种类似“大富翁”的策略游戏。目的是通过游戏了解企业真实的经济活动。

（2）游戏道具：准备不同层次的订单，以及不同角色的说明书，4 个不同的房间。

（3）游戏方法：队员扮演零售商、批发商、生产厂家和消费者 4 个角色，同时，选择不同角色群的负责人。不同的角色最好分别在不同的房间；

给不同的角色下达相应的任务。依次按照消费者→零售商→批发商→生产厂家（从左到右下订单），或者消费者←零售商←批发商←生产厂家（从右到左满足订单）。

各角色之间通过购买或订单/送货来沟通。即下游向上游下订单，上游则向下游供货。主要考察零售商、批发商、分销商及生产厂家的存货或缺货状况，并算出总成本；

各个角色拥有独立自主权，可决定该向上游下多少订单、向下游销出多少货物。至于终端消费者，则由游戏自动来决定，而且，只有零售商才能直接面对消费者。

每7分钟为一周期，整个游戏3小时左右。

（4）问题思考：零售商、批发商、生产厂家和消费者4个角色是一个营销团队业务过程中打交道最多的部门或机构，各角色之间如何更好地配合，更好地提高流程效率？

5. 大转移

（1）游戏目的：体会团队不同层次所承担的责任，明确团队内不同角色的工作职责，以及在工作中应该持有的工作心态。

（2）游戏道具：蒙眼睛的布条，布置岛屿分布的纸张、器材等；不同岛上的居民的角色说明书、任务说明书等。

（3）游戏方法：所有队员分成4组，分别扮演不同的角色。

第一组扮演健康人岛上的居民，都是健康人。

第二组扮演瞎子岛上的居民，他们是瞎子，能说但看不到。

第三组扮演哑巴岛上的居民，他们是哑巴，能看但不能说。

第四组扮演人造渡船。

角色扮演分配之后，全体成员的目标是将不健康的人转移到健康人岛上。

（4）注意事项：所有角色说明书、任务说明书，培训师不作公开宣布，至于学员如何开展游戏，完全让学员自己做决定，最终的目标就是将所有的非健康人转移到岛上。

（5）问题思考：游戏一开始各小组怎样进行？这种情形为什么这样发生？给团队经营管理带来什么样的重要启示？

6. 蒙眼作画

（1）游戏目标：闭上眼睛，我们的心敞开了。使队员明白只要集中所有的注意力去解决一个问题，就可以获得更好的效果。

（2）游戏道具：眼罩、纸和笔若干，至少每人一份。

（3）游戏方法：所有学员用眼罩将眼睛蒙上，然后分发纸和笔，每人一份；要求蒙着眼睛将自己名字写在纸的另一面；培训师用语言描述某一样东西，在10～15分钟时间内，让学员根据自己所听到的画下；将所有的图片挂到墙上，完成后，让学员从中挑选出他们自己的作品，并做比较；最后由培训师按照画的优劣进行评分，得分越高者越好。

（4）问题思考：为什么当他们蒙上眼睛，所完成的画并不是他们所期望的那样？

为何每个人听到是同样的描述，而画出的东西却是不同的？

7. 报数

（1）游戏目的：通过竞争使团队提高工作效率，使队员更具有凝聚力、责任心。

（2）游戏道具：秒表。

（3）游戏方法：将所有队员，人数越多越好，平均分成两组，各挑选男女队长各一名，组织团队进行比赛，队长不参加。

在队长的带领下，队员快速报数，越快越好，培训师用秒表计时，记录比赛结果。

在30～60分钟内，进行8轮比赛，每轮比赛间隔休息分别为3分钟、2分钟（2次）、1分半钟2次、1分钟（2次）。

每轮比赛都要进行奖惩。输者，由队长率领队员向对方表示恭喜；同时由男女队长做10次俯卧撑；第二轮若再输，俯卧撑的次数将会成倍递增。

游戏结束，将每轮比赛的结果记录在白板上，输最多者还要进行一次更大的惩罚，算是使队员认识到责任的重要性。

（4）问题思考：每个人都同意所有的意见吗？如果不是，为什么？

谈谈自己对责任心的体会。

8. 共造新桥

（1）游戏目的：了解规划的重要性。使成员发现，行动之前的规划是成败的关键。

（2）游戏道具：10～50厘米的硬纸板若干张、积木、剪刀、胶带、刀片、胶水、尺、秒表计时器、造新桥说明。

（3）游戏方法：将所有队员分组，以 4 ~5 人为佳。

各组讨论造桥的流程、方法，讨论片刻。

各组准备好了之后，在审查员的监督下，按照预先设定的标准，开始造新桥。

每一组一张硬纸板：长 50 厘米，宽 20 厘米；石块，各组若干。另外还要胶带一卷、剪刀一把、刀片一片、50 厘米尺子一把、胶水一瓶。

要求，桥柱间距不得大于 1 厘米；检查纸板、时间、利润、质量是否与预先估计表所列相符合。然后，记录结果、评估审美观点、决定是否颁发环境奖金。

请成员先各自填写讨论提纲的内容、派员报告。分组讨论，培训师不得参与。

（4）问题思考：在活动中有些什么感受？有什么启示？说明规划的概念及其与活动目的之间的联系。